職場にやる気が湧いてくる対話の技法

令和の管理職の必須スキル

スコラ・コンサルト プロセスデザイナー
髙木穣

同文舘出版

はじめに

管理職のみなさん、お疲れさまです。

最近、どこの会社も忙しくされていますね。私が所属する会社、スコラ・コンサルトは、クライアントの組織に変革の動きをもたらすためにミーティングの場をつくるのですが、その時間も以前ほどとれなくなってきました。

社名の「スコラ」という言葉には、「余暇」という意味があり、余暇がある人が行くところとして「学校＝school」の語源となっています。


新しいものを生み出したり、変化をつくったりするには、余白が必要です。1日がやるべきことでぎっしり埋まっていたら、変化が生まれません。

忙しい昨今は、積極的に余白、つまり時間のスペースをとることが大切です。そこから新しい出会いや学び、発想、体験などが生まれてきます。

しかし、現状はどこかに時間泥棒でもいるかのように忙しい状況が続いています。

そんななかで、新しいものをつくり出したり、元気が出たりする余白を生み出したい、そんな思いで私たちは組織開発に関するコンサルティング活動をやっています。

繁忙の影響もあり、退職者が止まらない会社がたくさんあります。それによって、残された方々の繁忙度はより増していきます。退職を止めるために、会社側はサーベイ（従業員調査）を行なったりしていますが、最終的には現場のマネージャーに重圧がかかります。マネージャーは、自分たちが体験してきた指導法をそのままやるとパワハラと言われたりするので、いままで体験してこなかったスタイルで部下をマネジメントしなければなりません。「なんで俺らがこんなに部下に気を使わないといけないんだ」と不満を漏らしながらも、職場をよりよくしようと努力しています。本当にお疲れさまです。

多くの管理職の方々が、「やるべきことをやる力」「がんばる力」を、僕から見ると相当高いレベルで持っています。自分自身で実務を受け持ち、部下管理や他部門との調整も行ない、大量のメールを処理したり。一方で、このがんばりに若手がついていていけなかったり、「あんな忙しい管理職になりたくない」と思わせるようなことにもなっています。

では、管理職はどうしたらいいのでしょうか。

これまでの企業人は、会社から与えられた「やるべきこと」をやることで給料を得て、物質的満足を満たすことができ、家族を養うこともできました。その幸せサイクルを実現できるように、「がんばる」というやる気を出してきたのです。企業側からすると、昇進・昇給というアメと、叱るというムチでモチベーションを高めてきたのです。この構図が通用しにくくなっています。

これからは「やる気を出す」「やる気を出させる」から転換し、「やる気が自然と湧き出る」ためのやり方を考える必要があるのです。

具体的な方向性は、できるだけ「がんばらないで済むように知恵を働かせる」ことでしょうか。これまで身を粉にしてがんばってきた管理職の方々は、内心腹立たしく、抵抗を感じることかもしれません。

部下に「任せる」「頼る」「信じる」ことを通じて、管理職ががんばりすぎることなく、全体で前に進んでいくことを優先するのがポイントのように思います。

これを実現するには、部下も管理職に「依存する」「言われたことだけやる」「文句や不満を言う」ことから脱却して、もっと自立する必要があります。

もうひとつの方向性は、仕事のなかにもっと個人それぞれの「やりたいこと」や「得意なこと」を増やしていくことです。

「管理職がメンバーに頼る」＋「メンバーがより自立的になる」ことと、「やりたいこと」「得意なこと」をする比率を増やすことを同時に実現していくことが、「チームで仕事をする」ということです。


働く人たちのウェルビーイングのためには、私たちは「チームで仕事をする」ことを学んでいくことが大切です。この本は、上司ががんばって部下を個別に管理することから、少人数でチームをつくり、それぞれのやりたいことや特性を認め合いながら助け合う組織づくりにチャレンジしてみましょう、リーダーが引っ張るのではなく、みんなで前進していく、そんなマネジメントを実現していきましょう、そのために上手に対話の「場」（余白）をつくりましょう、と言っている本です。場づくり活動＝「場活」のお勧め本とも言えます。

私がこの本をまとめたのは、管理職やリーダーの方々がこの状況をなんとかしようと孤軍奮闘している状況を少しでもラクにできないかという思いを抱いたからです。私の30年近い組織活性化のコンサルティング経験と、経営学や心理学の知識をうまく組み合わせて、そもそもの発想を転換し、ラクになれるお手伝いができないだろうかと。

しかし、簡単にやれることはそれほどたくさん書いていないかもしれません。でも、みなさんの日ごろの発想を変えたり、これまでは抵抗があったけど、思い切ってやってみたらうまくいった、そんな感じの考え方ややり方を、たくさん詰め込んでいます。

気になる部分を読むだけでも結構です。もし全部を通して読まれたら、少し自分のマネジメントやチームの見方が変わっていると思います。何かひとつでもピンとくるものがあり、みなさんの現状がよくなるお手伝いができれば幸いです。

令和の管理職の必須スキル　職場にやる気が湧いてくる対話の技法　目次

第2章　行動を変える前に認識のフレームを変える

第3章　昭和・平成のトラワレを浄化する

第4章　新しい認識をインストールする

第5章　居場所づくりから「思い」の醸成へ

第8章　チームで軸を共有する

カバーデザイン　喜來詩織
本文デザイン・DTP　マーリンクレイン

第1章
モチベーションが上がらないコミュニケーション不全問題

1 悪化してきた日本企業の人間関係

いま、「組織」に対する関心が高まっています。欧米に比べると遅いですよね。私がコンサルタントになった1990年代から、OD（組織開発）コンサルタントや部門が欧米の組織にはあったようですから。

むかし、トヨタ出身の方から聞いた話では、1980年代の日本が元気のいい時代にアメリカが日本に視察団を送り、「なぜ日本企業は元気がいいのか」を探りにきたらしいです。そしてその結論は「現場が強い」だったそうです。つまり、現場の結束力の強さを感じとって帰ったようです。その結果、アメリカは「チームワーク」に力を入れはじめました。

日本ではその後バブルがはじけ、そこから欧米を真似して成果主義・個人主義の方向へ舵を切り、社内のまとまりは薄くなってきています。そこに昨今、パワハラ・セクハラなどハラスメント防止の風潮で、お互いの間で過度に気をつかい出し、個人情報保護の流れもあって私的な面には立ち入りづらくなってきました。

そこへ来てコロナ。テレワークは増えて、いい面もたくさんありますが、コミュニケーションという点では、以前よりやりにくいことが増えました。退職する社員も増えてきていますので、それをつなぎ止めるためにも多くの会社でコミュニケーションをとる施策を増やそうとしています。

◎モチベーションとコミュニケーション

実は組織で「やる気」という時、**モラール（士気）**と**モチベーション**の2種類の意味があります。

モラールというのは集団の士気です。そして、モチベーションは個人の動機づけです。社員がみな上の指示のまま動くことを求められた昭和時代はモラールという言葉を耳にしましたが、価値観の多様化が前提となった現代では聞かれなくなりました。個人に着目するという意味で「モチベーション＝動機づけ」が必要なのです。

人それぞれ、モチベーションの上げ方には違いがあります。そのため、個別にコミュニケーションをとりながらモチベーションを上げてもらう必要があります。コミュニケーションの問題とモチベーションの問題はかなりリンクしています。そのことを直感的に感じている組織は施策を展開しはじめています。

「部下のやる気を出させなければ」と考えている多くの上司も、出世・昇進というアメや強い指導というムチが通用しない昨今、どのようにコミュニケーションをとればいいのかわからない現状があります。上司自身も仕事に追われているので、部下とコミュニケーションをとることが後回しになり、部下の現状がわからなくなっています。

そういうことも含め、企業でいま、どのようなことが起こっているのか見ていきましょう。

2 部下のやる気を生み出さない1on1ミーティング

多くの企業が採用しているのが、上司と部下が短時間であってもコミュニケーションの時間を強制的にとる1対1のミーティング、1on1ミーティングです。

1on1ミーティングとは、部下と上司が一対一で行なう定期的なミーティングのことです。上司・部下のコミュニケーションの希薄化が進むなかで、部下の成長促進を目的として、1週間に1回など高い頻度で行なうミーティングです。近年、多くの組織が取り入れて仕組み化しています。

うまくやっている企業の話を聞くと、1on1を通じて上司と部下のコミュニケーションがよくなり、その副次的効果として職場の仲間同士のコミュニケーションもよくなったと言います。上司との1on1を通じて、コミュニケーションのよさを体感し、自然と仲間内にもそういった行動を積極的にとっていこうというモードがつくられたのだと思います。

逆にうまくいっていない例としては、上司の話の引き出し方があまり上手ではないために、部下が自由に話せず、結局は業務の進捗確認ミーティングのようになってしまうパターンを耳にします。

1on1はその趣旨からすると、部下の話を聴くことがメインとなるべきですが、日常は上司がよく話す側になる関係上、1on1の場でもそのパターンが崩れず、日ごろの会話と同じようになってしまうのです。

これまでの上司は、部下に指示を発信する・理解させる・指導するなど、一方的にコミュニケーションをする側という意識を持っているので、部下の本音の意見を聞いても、どうすればいいのか、正直なところよくわからないのです。

部下から要望や問題を伝えられたとしても、それを解決することが本当にいいとは限りませんし、解決に至ったとしても、上司にいえば何でもやってくれると思われると、部下自身が自発的に解決しようという行動が起きにくくなります。**部下が自分自**

身で考えることの支援ができていないと、有効な1on1にはならないのです。

これまでとある意味、逆のスタンスを求められ、多くの管理職が反省・工夫・勉強を重ねながら葛藤しているのが現在です。この試行錯誤の姿は今後の組織の財産になっていくと思いますが、次々に起こる社員の離職はできるだけ早く止めたいものです。

3 参加者が意見を言わないダンマリ会議

コミュニケーションの機会を増やすために「会議」を増やすパターンもあります。しかしながら、期待とはうらはらに「会議でみんなが発言してくれない」という悩みを訴える人が増えてきました。

どうも意見を言わない理由には2通りあるようです。**「意見を言うことで不利益が出る」ケース**と、そもそも**「意見がない」ケース**です。

「意見を言うことで不利益が出る」ケースにはいろんなパターンがありますが、なかでも最近多いのは「意見を言うとそれをやらされる」と思っているケースです。みんな忙しいので、自分の仕事を増やしたくないのです。

2つ目の「意見がない」は、最近増えてきたケースです。いまは検索するといろいろな情報が得られるので、そもそも自分の頭であまり考えていないことと関連しているのかもしれません。それと、自分のやることにしか興味がなく、自分以外の組織全体に関して意見を求められても、まったくそちらに意識が向かないというパターンも考えられます。

以前は「よりいい仕事をしよう」「数字を上げよう」「改善していこう」という気持ちが多くの人にありましたが、最近は「いまを安全に過ごしたい」という欲求が多くの人のベースにあるようです。いずれにしろ、「意見」が出にくい状況が進むと、話し合いの場が成り立ちません。

4 話し合いから逃避しやすいオンライン会議

オンライン会議が増えました。会議の効率が上がったところも多いようですが、話し合いの質は上がりにくいのが現状です。オンライン会議では、自分の顔が他の参加者から見えて、自分の音声も入る状態——画面をONにして、ミュートを解除した状態で話し合いをしたほうが活性化しやすいのですが、会社のルールで「画面ON」が定められているにもかかわらず、注意しても画面をONにしない人もいるそうです。

リアルの会議とオンライン会議の決定的な違いは、「目が合わない」ところです。通常の会話は、時折目を合わせることで、意思疎通がなされているかどうかを確認しながら進めることができますが、オンラインでは画面を眺めるように人の発言を聴くようになります。声の交流でしか、つながりを感じられないのです。

リアルな話し合いですごくいい状態になっている時は、参加者同士のアイコンタクトの量が多くなります。アイコンタクトの量は、「この話し合いで、だれかからいい意見が飛び出してくるかもしれない」という期待感を持ちつつ、お互いを尊重して話し合っている姿だと見てとることもできます。

オンライン化の流れは、もう止められないでしょう。その潮流の中で、人がつながりを持てるようにするためにどんな工夫をしていくのかが求められています。

5 交流が減少。誤解や疑心暗鬼、陰口が増殖

社員同士の交流の機会は明らかに減っています。リモートワークで雑談は少なくなり、飲み会も減っています。偶然出会った人との立ち話もかなり有効なのですが、それも減っていますし、意外に役立っていた喫煙所も減っています。**「偶発的に会話が起きる場」が減っている**のです。

実は、**これが組織運営に与える影響はとても大きい**のではないかと思っています。

情報にはデータ系情報と非データ系情報があります。データ系情報とは、文字や数字に落とせる情報です。一方の非データ系情報とは、雰囲気や口調など言葉には表わしにくい情報です。面と向かって話すことを通じて、その表情や話し方、雰囲気など

から、その人の特徴がよりわかりやすくなるという点で、とても大事な情報です。

人同士が話す機会（場）は、人と人とのつながりを生み出すところであり、アイデアや変化の起点となる場所でもあるのです。効率ばかりを追求したことで、こうした場を形成する時間やスペースが無駄とみなされるようになりました。そうして余白を減らしてしまったがために、新しいアイデア、面白いつながり、交流によって生み出される元気などが生まれにくくなっています。

人は孤独に耐えられない部分もあるので、交流が減り、周りとつながっている感覚や職場での自分の居場所感を感じられなくなると、他人の悪口を言って仲間意識を高めたりします。

また、情報が少ないと自分勝手に情報を受け取るため、本意が伝わらず、疑心暗鬼になったり誤解が増え、それがまた噂話で強調されると組織内に悪い情報が蔓延します。噂や悪い情報は、なぜか風通しが悪い会社でも伝播力があり、以前に伺った会社ではほぼ噂話で動いているようなところもありました。

偶発的に出会う場が減り、お互いが話すところは堅い会議の場や、問題が起きた時の話し合いのみだったりするので、余計に胸襟を開いた会話がしにくくなり、話し合いというと嫌な気分でのぞむ無駄な時間に思えてきてしまうのです。

6 人事制度が人をやる気にさせるという錯覚

人事評価制度をうまくつくれれば、社員をやる気にできるだろうという考え方もまだ存在しているようです。

人事評価制度自体は報酬を決めるために必要ですし、評価項目によって組織が求める人材像を提示できるという点で、意味はあります。ただ、モチベーションに関して言えば、上司が部下を評価するという枠組みがある限り、上司と部下の信頼関係に左右されます。

私は以前、人事制度策定のコンサルティングをやっていました。そこで痛感したのは、人事制度をどんなに精緻につくったとしても、最終的には上司と部下の関係の影響から逃れられないということです。

昔、ソニーがものすごく元気な時代に、ソニーの社員に聞いたことがあります。「ソニーの人事評価制度はどうなっているですか」と。すると、「うちの人事評価制度はそんなによくないよ」という答えでした。しかし、その人はいきいきと仕事をされています。その時に私は「人事制度というのは、普段は気にならないというのが理想なのかもしれない」と思いました。

人は基本的に、自己評価が他者評価より高くなる傾向があります。上司から自己評価より低い評価がなされた場合、その上司に高い信頼をおいていないと、不満になります。また、仕事のやりがいは上司から評価される部分以外、たとえば仕事の面白さやお客さんへのお役立ち感などが大きく影響します。いわゆるモチベーションの「動機づけ要因」とよばれる要素です。

これらの要素は、どちらかというと上司からの人事評価より、目的意識や仲間との連携、仕事そのものが持つ意義などによって高まります。

いずれにしろ、評価制度を変えただけで人のやる気が変わるというのは錯覚か、一時的なものだと思います。

7 心理的安全性の落とし穴

最近、「心理的安全性」という言葉がブームになっています。このキーワードをもとに、社内で取り組みを行なっているところも増えています。

ただし、この取り組みには陥りやすい〝落とし穴〟があります。それは**「なんでも言いやすい職場」づくりに取り組んで、管理職が部下の発言を否定せずに傾聴姿勢を高めた結果、「わがまま」な社員が増えてくる、**というものです。

こうした状況に陥る背景には、**心理的安全性に対する誤解**があります。

◎心理的安全性の高い職場に必要な2つの軸

実は、心理的安全性が高い職場には、**「なんでもモノが言いやすい」側面と、「仕事の成果に対して高い意識を持っている」側面という2つの軸**があります。この2軸が合わさって、心理的安全性の高い理想の組織が実現するのです。

組織全体が仕事に対して高い意識を持っていると、相手から嫌われるリスクを冒してでも意見を言うことがプラスに働きます。

厳しい指導によって仕事の高い基準を保っていた組織の場合、この2軸が大事だと頭ではわかっていても、「モノを言いやすくする」と「厳しく指導する」がトレードオフになってしまい、どうしたらいいかわからなくなるケースも多々あるようです。

心理的安全性というコンセプトをうまく活かすためには、後述する**対話のリテラシーが欠かせない**のです。

ここまで、多くの企業で起こっている状況を見てきました。

　では、一体どうしたらこの状況を変えられるのでしょうか。

「具体的にどうすればいいんだ」という問いがすぐに我々の頭に浮かびます。でも、そこが出発点になっていること自体が問題の解決を阻んでいます。**「どうするか」ではなく、「きちんと現状をとらえる」ところからはじめることが大事**です。特に、人の心や人間関係は見えにくいので、そういった見えにくいものまでをもとらえる認識力が必要なのです。

　次章以降で、その認識力を高めるためのフレームを紹介していきます。

第2章

行動を変える前に認識のフレームを変える

1 行動第一で忙しくなる

組織の状況に問題がある場合、どうしますか？

当たり前ですが、対策を打ちますよね。ただ、これを短絡思考でやってしまうと、事態は改善しません。それどころか悪化させます。

私が以前関わったカーディーラーでは、社長が業績を上げるために、他社のいい事例を見つけては導入していました。うまくいかないと、次々に別の施策を展開します。それまでの施策をやめろと言われることなく、次の施策が降りてくるので、現場はどんどん忙しくなり、営業マンは「車を売りに行く時間がありません」とのこと。これでは本末転倒です。

営業マンがきちんと行動していることを示す資料を本部が提出させたり、個々の能力を上げるために、日々、宿題を課したりする会社もあります。現場は資料の作成で忙しくなり、これまた本業のことを考える時間がとれなくなります。

これらは、**「とにかく行動させればなんとかなる」**という、**右肩上がりの時代の名残**りです。状況が複雑な現代では、この**行動至上主義をいったん止めて、きちんと現状を観る、本質を考えることが重要**なのですが、日本企業ではこれはあまり訓練されていないし、意外に求められていないのです。

2 大切なのは観る力「ダブルループ学習」

優秀な企業人は、仕事を素早くさばくことに長けています。スピードが求められている時代ですから、そういった方はとても評価されます。

それに加え、資料づくりがうまかったり、人の行動管理のやり方がうまそうに見える方は出世します。私の知人にそういったタイプの方がいて、社長にまで上り詰めました。その方が社長になって、社員が行動せざるをえない管理の仕組みは強化されましたが、魅力的な企業の方向性を示すことができず、ついには倒産寸前まで会社を追い込んでしまいました。

シングルループ学習ではなぜダメなのか

ハーバード大学教授であったクリス・アージリスが提唱した「ダブルループ学習」という考え方をご存じでしょうか。

人が仕事を行なうとき、行動した後の考え方・行動の修正方法には2通りあります。ひとつが**シングルループ学習**で、もうひとつが**ダブルループ学習**です。シングルループ学習の代表例がPDCA（PLAN－DO－CHECK－ACTION）です。計画（PLAN）に沿って、実行（DO）して検証（CHECK）し、うまくいかなかったらほかのやり方に修正（ACTION）する、といったものです。

シングルループ学習の問題は、うまくいかない時に対策を修正して、また実施してみる。しかし、うまくいかない。また新しい策を打ってみる。だけどうまくいかない……一向によくなるヒントがつかめないまま、シングルループをどんどん回していくと、問題が深くなります。

たとえば、奥さんがこのところ、不機嫌な状態が続いていたとしましょう。これはなんとか機嫌をとらなくてはいけないと思い、仕事の帰りに奥さんにケーキを買って帰ります。その時は喜んでくれますが、基本的に不機嫌な態度は変わりません。では、次は花だと考え、花を買って帰ります。少しは喜んでくれますが、やはり不機嫌さは変わりません。次は少し奮発してアクセサリーを買って帰ります。しかし今度はまったく喜ばず、不機嫌なまま。

これは、うまくいかないシングルループ学習のパターンです。

ダブルループ学習では、一度DOを止めて、実際に何が起きているのか、問題の本質は何かを観ます。一度立ち止まって事実を観て、本当の問題・原因を洞察し、そこに手を打つのです。この例で言うと、まず奥さんがなぜ不機嫌なのかを突き止めることが必要です。

たとえば、奥さんが不機嫌な理由を聞いてみると、「相談したいことがあるのに、全然自分との時間をとろうとしない」ということだったりします。そうなると、「奥さんの話をじっくり聴く時間をとる」ことが解決策になります。

シングルループ学習とダブルループ学習

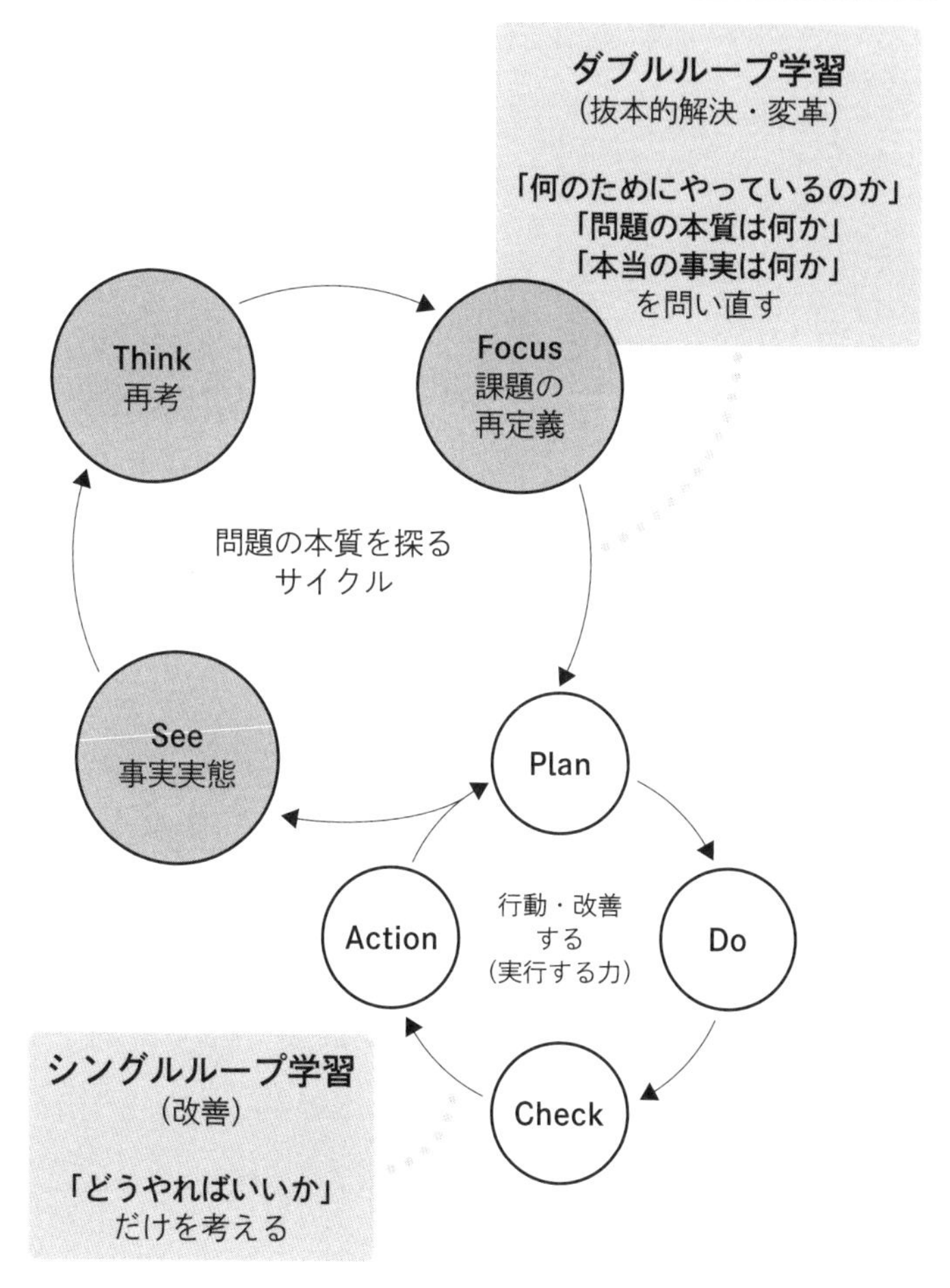

出所：クリス・アージリスの理論を参考に、スコラ・コンサルトにて作成

間違ったシングルループ学習の何がいけないかというと、この例だと「モノを与えれば機嫌がよくなる」という前提のもと、対策を打っていたことです。そもそもの前提にある考え方が間違っていたのです。

この前提となっている考え方を見直すのが、ダブルループ学習です。

3 問題を解決するのは行動ではなく認識

企業は目新しい手段に飛びつきがちです。

1on1ミーティングがよさそうだと思ったら導入。「心理的安全性」が注目されたら、心理的安全性という言葉が社内に飛び交う。**「何が問題で、どんな状態を実現するため、そのやり方がどのように役に立つのか」**をきちんと考えずに施策を展開して**しまう**のです。

これは「深く考えていないから」ともいえますが、どちらかというと、現場で起こっていることをきちんと「観ていない」ケースが多いように感じます。

私の経験した小さな例ですが、大人数を対象とした研修の最中に、突然、スクリーンにスライドが投影されなくなりました。パソコンのいろんなボタンを押してみたり、リセットしてみたりと、慌てていろんなアクションをとりました。しかし、原因は単にある機械の電源コードが外れていたのです。

何か問題が起きた時に、人はあまり事実を観ずに、思いついた手を打ちたがります。

退職者が止まらなかったり、メンタル不調者が増えたりしたら、本を買ったり、インターネットで検索したりして、よさそうな手段を探し出すのです。「なぜその問題が起きているか」の事実を確認しないままに。

企業人は、どちらかというと行動至上主義です。何か動こうとします。この発想が、昨今の複雑な問題を解決できない理由です。

「なんらかの行動をすれば問題は解決する」という考え方をいったん脇に置き、**きちんと「現実を観る・認識する」ことが大事、というパラダイムにシフトしなければ、いつまで経っても目の前の問題はなくならない**のです。

4 「ない前提」から「ある前提」への意識改革

認識力を高めるためには、**「ある」ものを観る**ことが重要です。

人はどうしても、「ない」ものに目が行きがちです。「コミュニケーションがない」「やる気が感じられない」といった具合に。

実際は「ない」ものは見えないので、感覚的にそう感じているというのが正しい表現でしょう。

教育のせいかもしれません。足りないところや弱点を見つけて、それを克服する、そんな「ない」ところに目を向けることを、小さい時からやってきたのです。

◎「あるべき姿」からの発想ではなく、「あるもの」を観る

「ない」ものを見るためには、「あるべき姿」を知っていなければなりません。つまり、正解の形を知っていて、それと現状を比べて足りないところを「ない」と認識するのです。

しかし、いまは正解が見えにくい時代です。あるべき姿がはっきりとわからないのです。どうすれば人のモチベーションが上がるかも、はっきりわかりません。

時々、「うちには若手が目指したいロールモデルが社内にないのが問題だ」という声を聞きますが、これもあるべき姿からの発想です。

もう、正解そのものがはっきりしないのです。だから「ない」と認識しているのは、それは過去のあるべき姿からの逆算である可能性が高いのです。なので、いまは「ない」ものに目を向けるのではなく、「ある」ものに着目するという認識の力が大事になってくるのです。

私は、**ない部分に目を向けるあり方を「ない前提」、あるものに目を向けるあり方を**

「ある前提」と呼んでいます。

今後は、人に対しても「ある前提」で見ていきます。その人は何が得意なのか、何が苦手なのか、どういう時に力を発揮するのか、ありのままのその人を見て、その事実に応じて活躍場面をつくってもらいます。

苦手な部分に対しても、必ずしも是正の対象と見るのではなく、ただ力が発揮しにくい部分として許容します。部下個人も自分の得意・不得意、自分がやりたいこと・やりたくないこと、などを「ある前提」でとらえ、それを活かす方向で考えていくのです。

これまで企業人は「ない」ところに着目し、努力で克服してきました。新時代においてモチベーションを高めていくには、弱点の克服から、自らの本来の特質に根差したその人なりのリソースを活かした価値創造に向かうことが大切になります。

5 「ある前提」を磨くトレーニング

「ある前提」の感覚をつかんでもらうために、私はセミナーで、あるワークをしてもらっています。ジャネット・アットウッドさんが『心に響くことだけをやりなさい！』（フォレスト出版）という著書のなかで書いている「感謝ゲーム」というものです。

まず、紙にタテに1から10まで番号をふってもらいます。そして私のセミナーでは、次のようなお題を出します。「昨日の朝からいままで自分に対して感謝することを10個書いてください」と。「○○してくれた自分ありがとう」「○○した自分、ありがとう」といった具合です。

スラスラと10個書ける人は、ほぼいません。1個も書けない人、3個で止まってしまう人、7個くらいは書ける人、さまざまです。

通常、10個書くためには、感謝するハードルを相当下げないと書けません。「朝起きた自分ありがとう」「時間通りセミナーに参加した自分ありがとう」「いま真剣にワークしている自分ありがとう」など、**一見すると当たり前に思えることにも感謝をしないと、10個書けない**のです。

こうして判断の基準を下げて、当たり前の現実に「ある」ものに着目する感覚をつかんでもらいます。これが「ある前提」の見方にシフトするはじまりです。

水が半分入っているコップをどうとらえるか?

このワークの後に、水が半分入っているコップの写真を見せて、次のように説明します。

「このコップを見て、『半分しか入っていない』と見るか、『半分も入っている』と見るかという話はよく聞きますよね。物事をネガティブにとらえるか、ポジティブにとらえるかという話ですね。**『ある前提』の見方は、このどちらでもありません。『コップに水が半分入っている』と、ただそれだけです**」

対話のためのマインドシフト

ない前提

VS

ある前提

事実を観るのです。その事実を観たことによってどんな結果につながるかは、その時点ではわかりません。ほかの要素と結びついて問題解決の糸口が見えたり、ほかのあるものを結合してアイデアが生まれるかもしれません。

「ある」ものを見つけたら、それに即座に解釈を入れず、ありのまま受け止めていくことが、「ある前提」のとらえ方なのです。

すぐに行動に移したい人や、結果を出したい人にとっては、こんな状態は気持ち悪いかもしれません。しかし、すぐに行動しないと気が済まない人こそ、一度立ち止まって物事をよく観てから行動すれば、これまで以上の成果が上がってくるでしょう。

6 認識力の強化がモチベーションにつながる

「ない」ところを見つけて、いかに潰していくか。これも大事ですが、「ある」ものを使って、いかにクリエイティブになれるか、この視点を加えることが大事になってきます。

「あるものを観る」とは、先述のとおり、「事実を観る」ということです。

事実には大きく分けて2種類あります。客観的事実と主観的事実です。

客観的事実は、だれが見ても変わることのない目に見えるところで起きているものです。これが一般的に事実といわれるものです。

主観的事実は、周りからは見えないけれど、その人の心の中にある気持ち・感覚・

思いなどです。他人は認識できずに本人だけが認識できるので、主観的事実です。**モチベーションのことを考える時は、主観的事実にフォーカスすることが重要**です。

主観的事実にも2種類あります。

ひとつは、**自分のなかのどういった思いがモチベーションにつながるのか、フォーカスすることでやる気に直結するアクセル要因**。

もうひとつは**「何がやる気になるのを阻害しているのか」につながる価値観・考え方・怖れなどのブレーキ要因**です。

アクセル要因を見出し、できるだけそれを活かし、ブレーキ要因には気づくことによって、そのブレーキから自由になっていく。こういった認識作業を積み重ねると、のびのび・いきいきしてくる。うまくいけば情熱が生まれてくる。そんな動機づけが、モチベーションにつながるのです。

こういった認識を強めていくことは、とてもめんどうくさい作業です。私もめんどくさがり屋なので、その気持ちはすごくわかります。ですので、私がこれまでやってきた認識をご紹介することで、少しでも楽しみながらご自身の認識の力を磨いていただければと思い、この後の章を展開していきます。

第3章

昭和・平成のトラワレを浄化する

1 組織のタテマエと社員の本音が合わず、社員が逃避していく

組織は通常、あるタテマエで動いています。タテマエというのは暗黙のルールです。所属している人がそれに準拠しているから、組織が効率的に動いていけるのです。だから悪いものとは言えませんが、時代の変化によって、**過去からのタテマエと人々の本音との乖離が大きくなっているところが、いまのモチベーションダウンの要因となっている**のです。

組織を引っ張っている人々は、昭和時代や平成時代のタテマエ（あるべき論）でメンバーを鼓舞しています（詳しくは後ほど述べます）。しかし、それが逆にやる気に水をかけてしまい、ただ淡々と仕事をやっていこうという意識にさせているのです。つまり、**社員の心にエンジンがかからないような燃料**を与えているのです。

2 ベテランが持つ昭和のタテマエ

いまの50歳以上くらいの人々は、昭和のタテマエで動いていました。たぶん1990年代前半くらいまでに社会に出た人がこれにあたるでしょう。高度成長期に適合する価値観、工業化社会を支える価値観に根差しているタテマエです。

昭和のタテマエの大きなものが「**タテ社会**」と「**気合と根性**」です。上司の命令を絶対として部下はその通りに動く、動けば成果が上がる。単純に言うと、こういうやつです。

私が最初に就職した会社は、ＯＡ機器の販売会社でした。コピーが本格的にオフィスに広がりはじめた時期で、新人はとにかく飛び込み営業をさせられます。1日のノルマが飛び込み100件、名刺30枚とかいうやつですね。

コピーが普及しはじめた時期ですから、動けば見込み客が掘り起こされます。掘り起こされると、先輩がついていって刈り取るのです。コピーの販売を「地べたとり」などと言っていました。社長は「火つけ泥棒してもいいからコピーを売れ」と檄を飛ばしているとまことしやかに語られ、「営業本部長はベトナム戦争に参加した人物だから逆らうな」と恐怖心をあおるような噂まで流れていたものです。

上司は怖いものという前提で、指示に逆らわずに気合と根性で動いていると、高く評価されました。

この時代を過ごしてきた人は、動かない部下を見ると、「気合と根性で動け」という感情がふと出てきます。はっきりと認識していないにしても、なんとなく漏れ出ているものなので、部下はそれを察知し、嫌気を感じてしまうのです。

3 中堅が持つ平成のタテマエ

１９９０年代後半から、組織は平成モデル（これは私が便宜上つけた名前です）に変わっていきます。キーワードは**効率化**と**成果主義**です。

私はこの時期に人事コンサルタントになります。主にやっていたのは人事制度の策定でした。給与を決める評価に、定量評価（数値で見える評価）や目標管理（目標を決めてその達成度を評価する仕組み）が入ってきたころです。

１人に１台のパソコンが普及してきたこともあって、資料での説明も含めて、成果をできるだけ目に見えるもので示さなければならない流れが生まれました。

大きな売上をあげられない部署は、コストダウンや標準化・効率化で評価をとりにいきます。社会全体として低成長時代に入ったので、できるだけ効率化して利益を出そうとします。

この流れのなかで、社員には**「できるだけ効率的に、目に見える成果を出すことが大事」という信念**が埋め込まれていったのです。そして、効率的でない動きにはイライラしてしまうとか、目に見える成果がイメージできないものは許さないといった空気が広がりました。

そのせいで、**見えない答えに向かってチャレンジする気風は、社内からだんだんと消えていきます**。チャレンジとは、やる気が表に引き出された姿ですが、この平成のタテマエによって、思い切った発言や行動が封殺されてきたのです。

4 トラワレからつくられた「枠内思考」を自覚する

20年も組織に関わっていると、企業で働く人の変化を感じます。

以前はお客さん先で自由に何でも話していい「気楽でまじめな話し合い」を展開すると、私の冒頭の説明も何も聞かず、現状の不満や批判が爆発することが何度もありました。すごいエネルギーがあったのです。そのエネルギーの素は、「変な管理をするな。俺に好きなように仕事をやらせろ！」だった気がします。

それがここ10年くらいは「いまを安心して過ごせればいい」という欲求が、多くの人の気持ちの大部分を占めるようになったように感じます。

気合と根性の強制を感じると嫌気がさし、効率的に目の前の成果を求められ、手が届く範囲の仕事で納める――こんな心境なのかもしれません。

昭和のトラワレと平成のトラワレが共通して働く人の考え方を強化していったものがあります。

それは、**「何のためにやるのか」「何がやりたいのか」**を考えず、**とにかく「どうやるか」ばかりを考える思考のあり方**です。そして、この思考に「失敗しないように、安全に過ごしたい」が加味されていきます。

こうした思考のあり方を、私たちは「**枠内思考**」とよんでいます。上司やお客さんの要求の範囲内でどのようにやるかを、自分の過去の経験則に基づいて考えるのが枠内思考です。

「枠内思考」の落とし穴

上司やお客さんの要求がそもそも正しいのかは問わないので、その枠内で考えます。それに加え、できるだけ失敗しないように経験則の枠内で考えます。経験が多い人ほど選択肢も多いため、実行へ移す処理スピードが早くなります。こういう人は効率的で行動が早いですから、昭和・平成の組織ではかなり高く評価されます。

これ自体はとてもいいことなのですが、問題は**「事実」を見落としてしまう**ことです。**事実と向き合いにくい**と言ってもいいのかもしれません。

特に世代が違う部下の育成や動機づけに関して、事実の見落としは顕著に現われます。相手の主観的事実がわからないので、よかれと思い、自分のやり方を押しつけてしまうのです。


枠内思考は、仕事をする上ではとても重要です。大事なのは枠内思考に加えて、事実をきちんと観て、事実と向き合いながら考えるという発想も使えるようになることです。

基本的に、自分が枠内思考にはまっているという認識は持ちづらいものです。特に人間関係や部下育成などに関しては、自分の過去のパターンが強く出やすくなります。したがって、**新たな現実の見方のフレーム**を持つことが有効になってきます。

次章では、特に部下育成やマネジメントに関する新しい見方をいくつか紹介していきます。

第4章 新しい認識をインストールする

1 成長欲求VS退行欲求

まず、モチベーションに関して、認識しておいたほうがいいキーワードをご紹介します。

心理学に関する著書がたくさんある加藤諦三氏によると、**人間は「成長欲求」と「退行欲求」の2種類の欲求を持っている**という見方ができるそうです。成長欲求は**「自分らしく生きたい」**という欲求で、退行欲求は**「ラクしたい・不快を避けたい」**という欲求です。どちらがいい・悪いということではなく、基本的にはだれもが2種類の欲求を持っているそうです。

ある会社の若手リーダー研修で、この2つの欲求についてお話ししました。参加し

人間が持つ2つの欲求

成長欲求

自己実現に向かって進みたい欲求

周りからの評価より
自分らしく生きたい欲求

情熱を燃やす道

**幸福度が
高まる**

退行欲求

ラクしたい欲求

目先の快を得て、
不快を避ける欲求

困難や葛藤を避ける道

**つまらなくなっていく
情熱がなくなっていく**

出所：『人生を後悔することになる人・ならない人　パラダイムシフトの心理学』（加藤諦三著・PHP研究所）をもとに作成

ていたのは、将来を期待され、選ばれた人たちです。接した印象としては、しっかりしていて、とても前向きな姿勢です。しかし、その多くが「僕は、ほぼ退行欲求でやってますね」と即答しました。即答するということは「ラクしたい（少し言葉は違うかもしれませんが）」という欲求をベースに、日々、仕事や努力をしていることを明確に自覚しているということです。

ここで問題なのは、「ほぼ退行欲求だけ」でやっていくと、**長期的には本人の幸福感が落ちていく、仕事人生がつまらなく感じるようになる**ということです。

この論を紹介している加藤諦三氏は、「地獄におちる」という過激な表現もされています。つまり、**自分自身を生きておらず、周りから評価をもらうことにエネルギーを費やしているので、情熱がなくなっていく**のです。

私の感覚では、企業で働いている方は退行欲求から動いている割合が多いように思います。ただ、そんな日常の仕事のなかにも成長欲求が垣間見える瞬間があります。

昔、組織風土改革で「真の顧客本位」を組織風土の中心に据えようと努力しているチームがありました。このチームは徹底的に議論してこのコンセプトを生み出しているので、その意味合いや意義が腹におちています。

あるチームメンバーが、自分の職場にもこのコンセプトを浸透させたいと考え、周りに働きかけました。具体的には、議論をする場への参加を呼びかけたのです。しかし、周りは一向にのってきません。そこで諦めかけたのですが、周りにいるメンバーをよくよく観察してみると、どうも「自分なりの顧客本位」行動をとっていることがわかったそうです。その人なりの顧客本位の部分に焦点をあてることで「真の顧客本位」の動きは加速していったと言います。「自分らしく人の役に立つ」、これは成長欲求のひとつの現われ方です。この人は、周囲の人の無意識の成長欲求に焦点をあてることによって、全体の変化への動きをつくることができたのです。

個人についても、同じことが言えます。通常は他者からの要求に応えようと無理して仕事をしていて、そういった仕事だから「ラクなほうがいい」に決まっています。つまり、日々の仕事は退行欲求にもとづいているのです。

そのなかでも、どこかしら自分の正直な思いや気持ちをこめて自分らしく行なっていることがあるはずです。そこに意識を向けて、徐々にでも成長欲求にもとづいた仕事のやり方を増やしていく。そんなことが、やる気の向上につながっていくのだと思います。

私の同僚が大学で講義をしています。同僚が言うには、やる気を見せない学生がいて、彼らに「自分は何をしたいのか」「どうなりたいのか」を考えて書いてもらう時間を数回とったそうです。すると、どういった意味づけが本人のなかでされているのかわかりませんが、前向きな態度で授業にのぞむようになったそうです。

このことから、日ごろ、自分の心のどの部分に意識を向けているかによって、その人のやる気は変化するのだとわかります。

2 組織を機械と見立てるVS生命体として観る

いま、どういう考えにもとづいているのかに気づいていないと、新しい考えが示されても理解が薄いものになります。前項では見えにくい個人の欲求を2つの枠組みでとらえる見方を示しましたが、今度は組織の2つの見方を提示します。

組織を機械のようなものと見立てる**機械論的組織観**と、生命体と見立てる**生命体的組織観**です。

現代の組織は大抵、機械論的組織観をもとにつくられています。機械とは、決められた信号を与える（インプットする）と、期待通りの動きをする（アウトプットする）ものです。テレビの電源ボタンを押すとテレビが映る、といったものです。

組織も上からの信号（方針や指示）が降ろされると、それにもとづいて下が動きます。下が思い通りに動かなかったら、機械に見立てると「故障」となるわけです。故障になった場合は、修理をするか、部品の取り換えになります。組織を機械に見立てると、働いている個人は「部品」になります。もし上位の指示通りの動きがなされないと「故障」とみなされ、故障部分とされた個人は他のメンバーに置き換えられるか、指導という名の修理が行なわれます。

組織図を頻繁に変える会社があります。その発想も、機械論的組織観にもとづいています。電子回路をつなぎ直すとうまくいく、というような。

以前、私も中小企業の社長さんとともに組織図を考えたことがあるのですが、パズルのような楽しさもあり、これでうまく行くような気がしたものです。

しかし、その組織図のなかにいる個人は、組織図を変えただけではすぐに意識の切り替えができません。組織図を頻繁に変える企業に限って、組織改編にともなって必要になる人間をサポートしないので、あまりよい結果が見られず、また組織図変更……となっていくのです。

さまざまな問題はあるにしろ、基本的にはこの機械論的組織観でうまくやってきましたし、この考えは今後もしばらくは重要だと思います。

一方の生命体的組織観は、組織を生命体と見立てるものです。人体が生命体の代表的なものですが、組織を生命体として観る場合、次の3つの要件があります。

ひとつは、**ひとつひとつの細胞が自律的に動く**こと。2つ目は**細胞同士が双方向のコミュニケーションをとっている**こと。3つ目は**全体としての方向性があること**（人体の場合は生命維持）です。

人間が胃を切除すると、しばらくすると「胃みたいなもの」ができるそうですね。これは切除された胃の周りの細胞がコミュニケーションを取り合って、生きるために必要だと思われる胃をつくり出していると解釈できます。

これを人間の組織に当てはめると、指示命令がなくても一人ひとりが自律的に動き。メンバー同士が双方向にコミュニケーションをとり、全体としての目的やビジョンに向かって動いている状態と言えます。

機械論的組織観のいいところは「効率性」です。統制もとりやすいです。

生命体の特徴は、ひとつひとつの細胞が自分の特性を活かし、いきいきと動く、場

2つの組織の見方

機械として見る

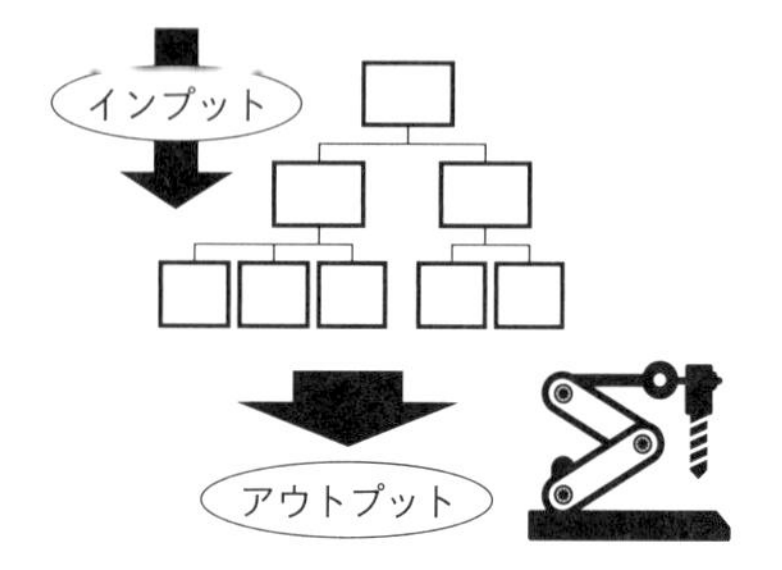

指示命令・管理が基本
コントロールする側、される側が分離し、「壁」ができやすい

生命体として見る

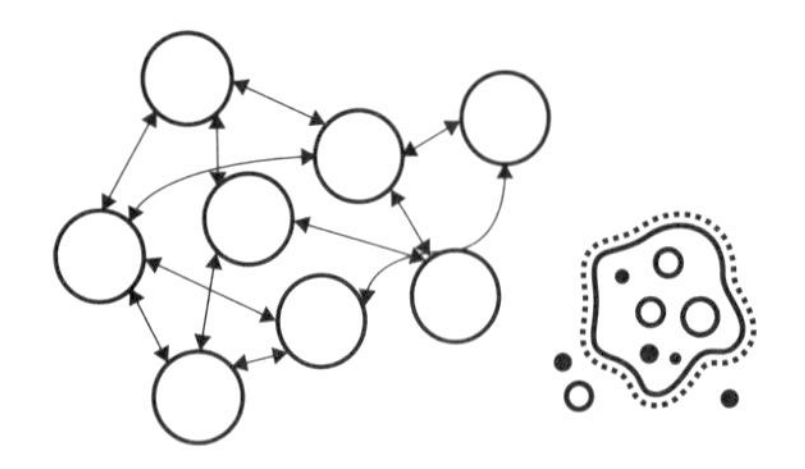

双方向のコミュニケーションが基本
それぞれの細胞が自発的に動く

合によっては柔軟に変化していくということです。

組織運営は、この2つの側面を融合させながら展開していくものです。

昭和モデルの機械論的なタテ組織がしっかりしている裏側に、社員旅行・宴会・体育会・同期のつながり・寮生活での仲間や趣味の会など、社員個人の人的なつながりをつくっていたのは、機械論と生命のバランスをとるやり方だったのだと思います。

特にトヨタでは、意図して人的ネットワークがつくられている感じがありました。人事の方針に「人間関係諸活動の徹底」が入っているという話を聞いたこともあります。

多くの社員のモチベーションが上がらない状況に直面しているとしたら、この生命体的観点が不足していると考えてみるのはどうでしょうか？

3 ボス型マネジメントVSチームマネジメント

組織に生命体的要素を入れていこうとした時、「チーム」発想は有効です。

日本企業は、言葉では「チームワーク」と言いますが、本当のチーム運営をしているところは多くないと思います。多くの職場はリーダーが会議を開いたり、個別に指示をしながら動かす「ボス型マネジメント」の形（別名「鵜飼い型マネジメント」）をとっていますが、図に示す「チーム型マネジメント」になったほうが、より活性化すると考えています。これは、活性化しているチームを観察してきた経験から生まれた考えです。

ボス型マネジメントは、リーダーを中心にメンバーとコミュニケーションがとられ

マネジメントの変化

ボス型マネジメント

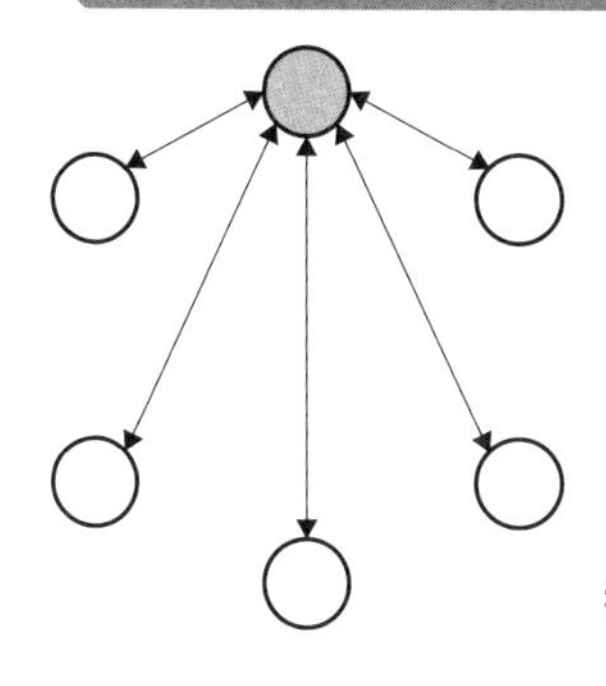

鵜飼い型
コミュニケーション
報告・連絡・(相談)

チームワーク型マネジメント

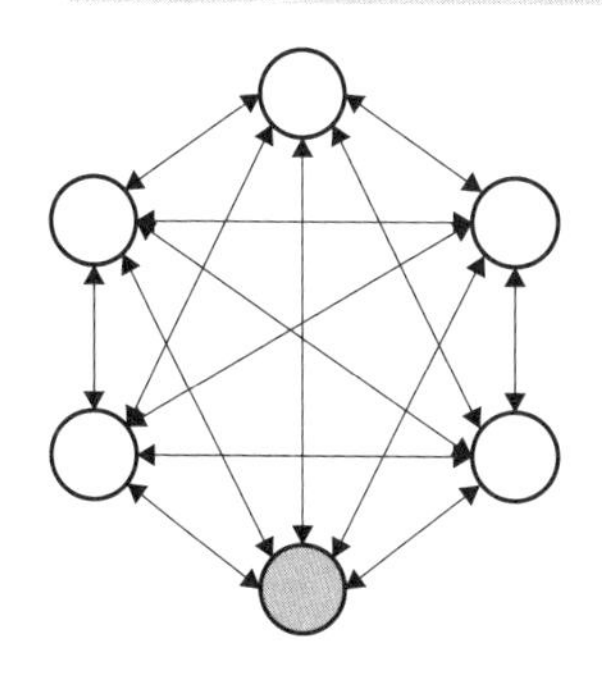

星型、Web型
コミュニケーション
＝対話、場づくり

ます。基本的には上司とメンバーが1対1対応です。リーダーからは指示命令がなされ、上から下への一方通行的コミュニケーションの形です。

一方、私が見てきたなかで活性化しているチームは、チームワーク型マネジメントの形になっています。私の観察では、**活性化して機動的に動いているチームは、そのチームメンバーのどの2人を選び出してみても、常に相談できる状態**があります。ミーティングを開いても、リーダー中心に話が進むのではなく、いろんなメンバー同士が同意や対案を繰り返しながら話を重ねていきます。

こういったコミュニケーション形態を、星形コミュニケーションとかWEB（蜘蛛の巣）型コミュニケーションとよんでいます。

星形コミュニケーションにおけるリーダーの役割は、**話し合いを自分が中心となって回すことではなく、メンバー同士が自由に対話できる場をつくること**になります。こうしたチームワーク型マネジメントの状態になれば、生命体の3要素（個が自律的に動く・双方向のコミュニケーションがとれる・全体としての方向性が共有されている）が満たされる状態になるのです。

4 有機的チームワークづくり

組織の部品にならずに、生命体の細胞として、個人がその人らしく輝き、かつ全体としてもパフォーマンスを上げていく。そんな生命体のようなチーム（有機的チーム）をつくることが、これからの組織に大切なチャレンジだと私は考えています。

２０２３年、野球のＷＢＣで世界一に輝いた侍ジャパン。メンバーも錚々たるものでしたが、それをまとめ上げた栗山監督の手腕も素晴らしいものでした。

ＷＢＣの後に栗山監督の講演を聞きに行ったところ、一緒に登壇していた易経の先生から、「栗山監督は選手一人ひとりが輝く場をつくったんですね」と言われていました。

栗山監督は、代表選手がはじめて集まった場でこう言ったそうです。

「皆さんたちは日本代表チームに入ったのではありません。一人ひとりが日本代表なのです」。こう言って、一人ひとりに主役意識を持ってもらいました。一人ひとりに主体的にチームのことを考えて動いてほしかったためだと思います。キャプテンも置かなかったようです。そんななかで、自発的・献身的にメンバーに関わっていくベテランのダルビッシュ選手などが現われ、世界一のチームがつくられていきました。

また、栗山監督は一人ひとりの選手にも丁寧に接している印象があります。各人が自立心を持ち、それぞれの特性が尊重され、「世界一になる」という目標を共有しています。そしてメンバーは、自分のことよりチームのことを優先して、それぞれの持ち場で役割を果たし、いい流れをつなげる。別々の人たちが手を携えて、ひとつの命のようになったのではないかと思います。まさしく、こういったチームプレイが職場や会社で実現できれば、組織は大きく変わっていくと思うのです。

有機的チームワークづくりには「**いい場をつくる**」ことが重要だと思っています。私たちスコラ・コンサルト社の数多くの場づくりの体験から、有機的チームワークを生み出すための場づくりの実践論を、この後の章で展開していきます。

第5章

居場所づくりから「思い」の醸成へ

1 組織のなかで人を「人間」に戻す「ジブンガタリ」

「個性ある一人ひとりが輝ける場をつくる」、これこそが元気な組織をつくっていく鍵だと思っています。

さてここから、私の組織風土改革支援の経験をもとにした実践論を展開していきます。

人を元気にするためには、生命体的組織へのパラダイム転換が必要になります。その時、一人ひとりの社員を優秀か優秀でないか、役割を果たしているかそうでないかで判断する機械の部品的見方から変えなくてはなりません。**独特の考え方・感じ方・動き方を持つ個性がある人間とみなしていく**必要があります。

その出発点として私たちが使っているのが「**ジブンガタリ**」です。ジブンガタリと

ジブンガタリ

仕事以外の自分エピソード

○生まれ育ったところ
○子供・学生時代に熱中したこと
○人生の転機
○この会社に入った理由
など

仕事、会社のこと

●会社や部署で問題だと感じていること
●困っていること、悩んでいること
●モヤモヤしていること
など

思いつくままに、
自分の言葉で……

は、そのための時間をとって、一人ひとりが自分のことを語り、それを聴き合う場です。一人ひとりが順番に「仕事以外の自分エピソード」や「いまの仕事でモヤモヤしていること」などを語っていきます。チームビルディングのために1泊2日や1日かけて行なうこともあります。

子供時代、学生時代の話などの歴史に触れれば、その人の人となりがより理解できます。共通点を感じると、親密感が生まれてきます。逆に違いを感じると、自分と違うひとつの人格として観ることができます。**人となりを聴くことによって、心の交流が生まれてくる**のです。

ある人はこう言いました。「会社の業務時間に自分のことを語るなんて、なんて贅沢な時間なんだ」と。そうなんです。基本的に、仕事中には人間としての自分のことを話す時間はないものなのです。

「ジブンガタリをやりましょう」と言うと、「そんなことやって何になるの？」という疑問をよく持たれます。ところがいざやってみると、そういう方に限って、楽しんでやっておられます。合理性を考えると、何の意味もないように思える。しかし体験してみると、そこに喜びや気づき、楽しさが感じられるのです。

2　ジブンガタリの効果

ジブンガタリでは、**仕事以外の自分のエピソードを語るジブンガタリ**と、**仕事でいま感じていることを語るモヤモヤガタリ**をセットで行ないます。

モヤモヤガタリとは、「仕事上で感じている問題意識」「悩んでいること・困っていること・モヤモヤしている」など、日ごろ感じている比較的ネガティブな思いを語り合うことです。ここで**自分が持っている本音や気持ちを共有することができれば、より一層、ほかの人との心の交流が実現できます。**

ジブンガタリとモヤモヤガタリをセットとしたジブンガタリには、語り合った人同士に心の交流が起きること以外にもいくつかの効果があります。

①自分自身のことを語ると主体性につながる

いつもの話し合いでは「いい意見」を求められます。しかし、ジブンガタリでは自分のことを語ります。その語りにいい・悪いはありません。いい・悪いのないなかで自分の感じていることや考えていることを口に出すことによって、自分の思いとつながっていくのです。

特に、**考えていることではなく「感じていること」を表に出し、そういった話が受け止められると、自分に自信のようなものが出てきます。**たぶんそれは、感じていることはその人の本音に近いものだからだと思います。

②人は本音を語ると元気になる

①の延長です。現在の勤務先であるスコラ・コンサルトが、私にとって3社目のコンサルティング会社なのですが、最初はジブンガタリをやる意味がわかりませんでした。一応コンサルタントなので、それまでは論理的思考を鍛えてきました。その観点からすると、プログラムの詳細設計のないジブンガタリのみを1泊2日でやることは考えられなかったのです。どういうアウトプットに落とし込むのだろう？　と疑問に

思っていました。わからないながらも参加していると、終わった後に明らかに参加者の変化を感じるのです。**ほとんどの人が、明らかに元気になっているの**です。

その体験から、「**人は本音を語り、それを周りから受け止められると元気になる**」という仮説を持つことになります。逆に言うと、**タテマエばかり言っていると元気がなくなります。**

③聴き合いのモードが生まれる

仕事以外のエピソードを語るジブンガタリから入ると、人の話を聴くモードが生まれます。

通常の話し合いでは、だいたい意見を言うと、聞いている人たちはそれに対し○×の判断が瞬時に浮かびます。**反射的に判断・評価するの**です。ここが論争の起点となります。しかし、**人のエピソードには判断脳が働きません。**人の出身地を聞いて、「そこで生まれるのはまずいだろう」とは思わないですよね。そういう話を聴いているうちに、**人の話に耳を傾けるモードが生まれてくる**のです。このモードを獲得すれば、以前よりも他者の意見を聴きやすくなります。

3 居場所感から思いにつながる

自分のことを語り、それが受け止められると、**「自分はここにいていいんだ」という居場所感が生まれてきます**。

私の感覚では、日本人は「ここが自分の居場所だ」と思えると、すごい力を発揮するように思います。周りの空気を読んで、我をあまり出さない民族ですが、空気を気にせず周りとの一体感を感じていると、俄然、力を出す気がします。

高度成長期の日本は、この社員の会社への「居場所感」を大事にしながら、みんなで会社のために、自分の家族のために、生産性を上げていったのだと思います。

◉ネガティブな気持ちの裏側には「こうしたい」という思いがある

ジブンガタリでは、ある一定の居場所感を生み出すと同時に、個人個人の思いが表に出てくることも狙っています。

モヤモヤガタリでは、問題意識のほかに不満や愚痴、他者批判なども出てきます。いわゆるネガティブな感情です。こういうネガティブな感情が話し合いの場に出てくるのを嫌がる人は多いのですが、私たちは長年の経験から、**ネガティブな感情がその人たちの「こうしたい」という思いにつながる入り口**だと思っています。

ネガティブな気持ちが十分に吐き出されると、たまに出てくるのが、その場にいるだれかからの「これ以上、文句を言ってもしょうがないから、自分たちに何ができるかを考えよう」という言葉です。どうやら、**不平不満は十分に受け止められると、ポジティブなほうへ反転する**もののようです。

十分に問題意識が出尽くしたと感じたら、コーディネーター役の私たちから「じゃあ、どうしたいですか？」と質問して気持ちの反転を促すこともあります。

ネガティブな気持ちの裏側には、「こうしたい」「こうなりたい」という思いや願いがくっついているのです。だから、不平不満が強いほど、見事に強い思いに反転する例を数多く見てきました。

以前、経営者への不信感が蔓延する組織の管理職オフサイトミーティングに行った時の話です。会場に入った瞬間、重い空気を感じました。私が冒頭にミーティングの趣旨を説明をしようとしたところ、横を向いていた管理職の1人が、バン！ とテーブルを叩き、「いまさらこんなことやっても一緒だよ！」と怒りを向けてきました。

こういう方がいる時は、高い確率でうまくいきます。エネルギーが大きいからです。それがネガティブな方向へ行っているだけで、よい方向に向いてくれれば大きな変革へのエネルギーとなっていくのです。

4 思いの醸成から動きにつなげるオフサイトミーティング

いま、オフサイトミーティングという言葉を使いました。オフサイトミーティングは、スコラ・コンサルトが組織風土改革の際に使ってきた話し合いのやり方です。

もともと「企業が職場を離れて行なうミーティング」という意味で、おもに海外で使われていました。スコラ・コンサルトは、立場や肩書を離れて話そうという意味合いをこめて、「気楽にまじめな話をする」という表現で、改革現場で使ってきたものです。

オフサイトミーティングは、先に紹介したジブンガタリやモヤモヤガタリからはじめます。個人個人が思っていることや感じていることを話しやすくすることを意図しています。

図に示すプロセスのとおり、非効率にも見える、迂回するようなプロセスを踏んでいきます。これこそが、モノを言いやすくするオフサイトミーティングの特徴です。オフサイトミーティングで最も大事なプロセスは「**問題意識の共有**」です。それぞれが心の中で思っている問題意識を共有し、それが同じ方向を向いていれば、この状況を一緒に変えていこうという仲間になれるのです。

これまで述べてきたように、問題意識を思いに反転し、それをビジョンや変革コンセプトに結晶化させ、行動につなげていきます。

本音の問題意識や思いの共有から課題設定につなげ、そして当事者意識を持ってチームで動く流れをつくっていく。それがオフサイトミーティングです。

オフサイトミーティングの詳しいやり方に関しては、私の同僚が『仕事の価値を高める会議　オフサイトミーティング』（同文舘出版）に書いているので、そちらを参照ください。

オフサイトミーティング®の8つのステップ

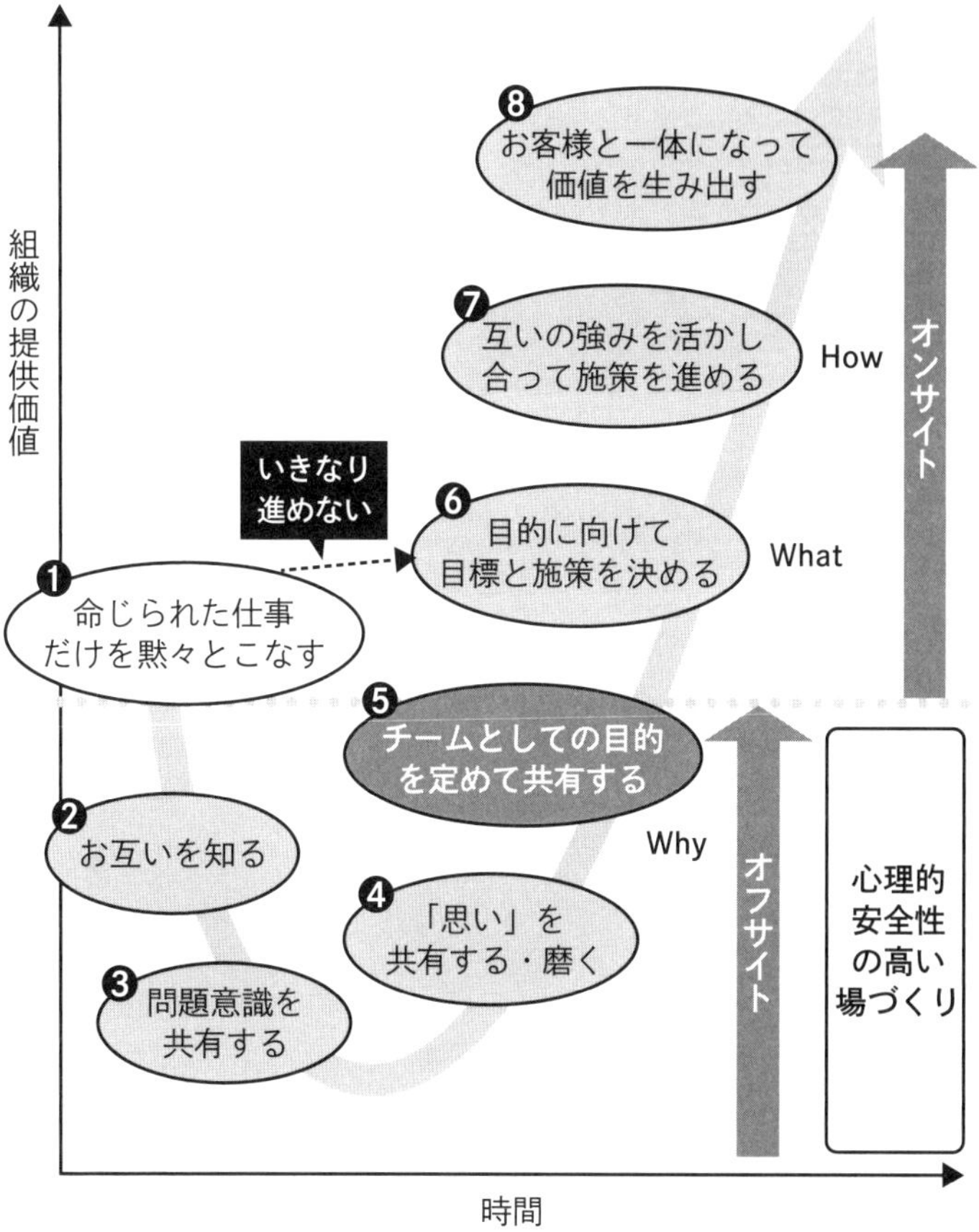

5 自分たちの本音にアクセスする「本音の三階層」

人がやる気になるのは、自分の本当の思いで動けているかどうかに尽きると思います。正直な自分の思いを話す・受け取る、という関係ができていたら、組織にやる気が出てきます。

組織のタテマエに沿って動いていたり、周りの評価が気になりすぎたりすると、本当の思いがわからなくなります。

また、周りがタテマエに沿って動いているなかで、1人が本音でモノを言っても、なかなか受け取られません。それどころが抵抗にあってしまいます。なぜなら、周りはみんな本心を抑え込んでいるので、それを見せられると否定感や嫌悪感をおぼえるのです。

数多くのオフサイトミーティングの体験から、本音は3つくらいの階層で存在していることに気がつきました。それを図にしたのが「本音の三階層」です。「本音」という言葉には、過去に痛い目にあったり、難しさを感じてきたものなので、どうしても心理的にブロックがかかります。また「本音」にネガティブなニュアンスを多くの人が感じているからでもあります。本音というと、どちらかというと批判や悪口や悪だくみというニュアンスを感じさせます。私がここで取り扱っている本音はこれらも含めてもっと大きな範囲でとらえています。

本音の第一層＝ブラック層

ものが言いにくい組織で〝ガス抜き〟と言われる本音の発散をすると、大半のケースで不平不満や批判的意見などが噴出します。実はこの段階で出てくる本音は、本音の中でも最も浅いところに位置しているものです。これを本音の第一層、仮に「ブラック層」としておきましょう。相手にぶちまけたい衝動を伴うことが多いのがブラック層の本音です。

本音の三階層

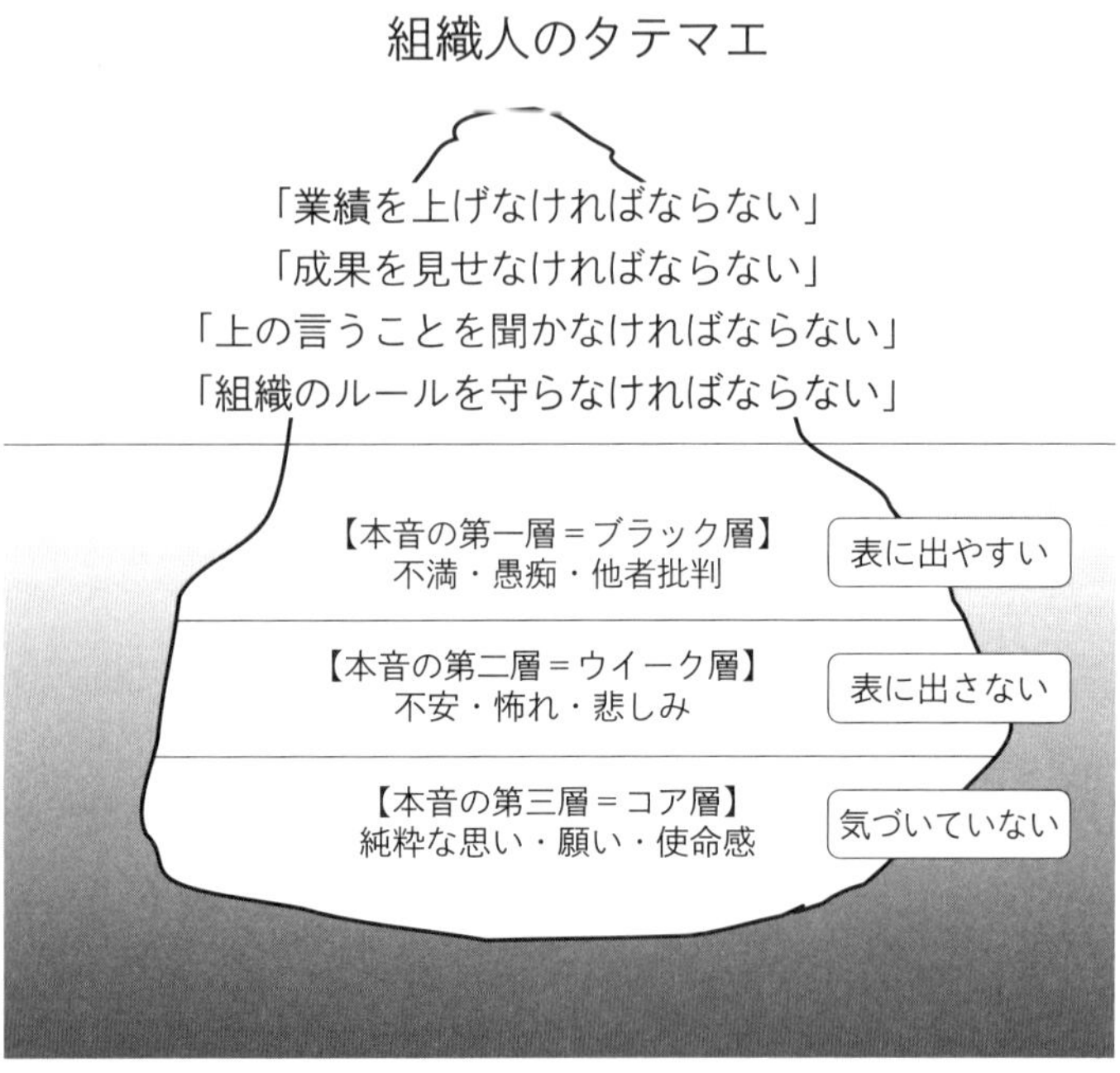

組織人のタテマエ

「業績を上げなければならない」
「成果を見せなければならない」
「上の言うことを聞かなければならない」
「組織のルールを守らなければならない」

【本音の第一層＝ブラック層】
不満・愚痴・他者批判
表に出やすい

【本音の第二層＝ウイーク層】
不安・怖れ・悲しみ
表に出さない

【本音の第三層＝コア層】
純粋な思い・願い・使命感
気づいていない

しかし、その本音をだれかにきちんと受け止めてもらったと感じることができれば、その奥にある第二層や第三層の本音が意識の表面に上がってきます。

第一層よりもう少し深い層には、別の種類の本音があるのです（深い・浅いと言っているのは、意識上でのことであり、深い位置にあるほうが表明することに抵抗があったり、自覚できていなかったりします）。

◎本音の第二層＝ウイーク層

第二層にある本音は、不安や恐れ、悲しみなど、自分自身の弱い部分です。弱音的な「ウイーク層」とよんでいます。強靭で男性的な企業戦士の姿を求められる組織ほど、こういった弱みは表に出せません。この弱さを仕事における闘いに転嫁することができた人たちが、組織における成功者、仕事ができる人でした。こうやって成功してきた人は、人が弱みを見せることを許さなくなります。

しかし、多くの人の中に本音として存在する〝弱い部分〟が仲間内で共有できると、それは連帯感につながっていきます。人間はどうも弱い部分でつながっていく生き物のようです。だからこそ、心理的安全性を高める取り組みが、ブラック層の本音が出たところで止まってしまうと、人間関係のギクシャクにつながっていきます。そこから進んで第二層の本音が出てくれれば、それが連帯のきっかけになっていくのです。そして、さらにもう一段深いところに、本音の第三層「コア層」があります。

◉本音の第三層＝コア層

第三層の「コア層」には、その人の純粋な思い、願い、使命感のような美しい思いが潜んでいます。その人の中核にある思いです。これは明確に自覚できていないことが多いのですが、だれもが無意識に持っているものです。

いろんな表現ができると思いますが、「感謝される仕事がしたい」「だれもがいきいきできる世界をつくりたい」「お客さんとともに喜べる商品をつくりたい」といったような思いです。このような、深いところに秘められた思いが話し合いのなかで引き出され、顕在化した時に、腹落ちするビジョンやコンセプトが生まれます。

私の経験では、コア層の本音はすぐには表面化しません。グループで話し合う場合、第一層（ブラック層）、第二層（ウイーク層）を互いに共有しても、現実的なことをめぐる話し合いの段階になると、停滞が始まります。互いの意見がなかなか噛み合わず、葛藤でモヤモヤし、結論が出ずに混沌とした状態が続きます。それを乗り越えようとする過程で、ようやく第三層のコア層にたどり着くことがほとんどなのです。

企業活動においては、人は「いかに成果を上げるか」「いかに周りから認められるか」「いかにダメだと思われないようにするか」などに意識の大半を使っていて、自分の意識深くにある本音には気づいていないようです。しかし、ここに光が当たると心が大きく動いて、やる気が出てきます。

6 「思い」という種火から全体の思いを醸成する

実際私たちがやっているのは、話し合いの場をつくって全体の思いを醸成していくことと、だれかの思いを中心に話し合いの場をつくることの両方を意識しています。何かしらの「思い」の種火があったほうが、早く全体の思いの醸成につながっていくからです。

昭和のタテ社会、平成の成果主義の流れのなかで、組織人の多くは組織内での評価にびくついています。人を動かす根本原理は、人々の持つ不安や恐れを前提としています。自分の中の不安や恐れが現実化しないように、日々、努力をしているのです。

いい評価がもらえるように、悪い評価がつかないように仕事をしていると、失敗しそうなチャレンジには取り組まなくなります。多かれ少なかれ、いまの組織にはこの雰囲気が蔓延している傾向があります。

こうした硬直した組織風土を変えるために、私たちはその組織内に存在している「思い」を持った人を探します。

熱い思いを持つ人は、チャレンジを歓迎しない組織風土ではどちらかというと煙たがられます。思いを持つ人のなかには、それを実現できないためにこじれて問題児になっている人もいます。「言っても無駄」や「言い出しっぺが損をする」風土のなかでは、情熱を持っていても表に出さない人もいます。

そうした組織のなかの眠っている思いを、オフサイトミーティングによって顕在化させていきます。そして、その「思い」を中心として、組織は変わっていくのです。

1人の「思い」がメンバーを動かし、成果につながったケース

ある中小企業の変革活動に参加した若手は、「ポルシェが欲しい」という強い思いを抱いていました。その若者は仲間と話しながら、考えました。

ポルシェを買うためには、もっと給料を上げなくてはいけない⬇給料を上げるためには、会社の業績が上がることが大事だ⬇利益を上げるためには、売上を伸ばすかコストを下げるかだ⬇どうもリードタイムというものを短縮すると利益が出るらしい

と財務諸表を見ながら分析します。

そして、リードタイムを短縮するために、ある部門に目をつけて、自分の仕事が終わってから、仲間とともにその部門に自分たちの案を説明し、自らも手伝い、なんと驚くほどリードタイムを短縮させたのです。

損保会社のある支店の例です。メンタル不調者が続出しているその支店で、支店をよくしたいという有志が集まり、話し合いを重ねていました。でも、どうしたらいいか、なかなか案がまとまりません。

もうあきらめようかというムードで行き詰まった瞬間、メンバーの1人の女性が

「とにかく感謝される仕事がしたいんです！」と涙ながらに発言します。この言葉が周りのメンバーの共感を呼び、自分たちが率先して社内にもお客さん先にもありがとうを増やそうと意思統一がされます。

活動コンセプトは「ありがとう対前年比150％」。いかにも営業部門らしい言葉遣いですが。この言葉を胸にメンバーたちは自分の所属の営業所や職場で「ありがとう」を増やす知恵を絞り、1年後には、何年もの間続いていたメンタル不調者がとうとうゼロになったのです。

日ごろはあまり意識していなかった「感謝される仕事をしたい」をいう思いを自覚し、その思いにのって動いていくことで、組織風土を変えてしまった例です。

だれもが本当はなんらかの思いを持っています。ただ、「やるべき」ことに埋没して、意識できなくなっているのです。

働いている人たちのモチベーションの復活は、いかに自分自身の本当の思いに意識を向けられるかにかかっているのです。

第6章
対話の力でIの思いをWeの思いへ

1 チームになるために対話力をつける

メンバーそれぞれが自分の思いを大切にしながら、ほかのメンバーとも協働できるのが有機的チームワークです。何もしないとバラバラなままなので、それらを統合して「自分たち」の思いにするためには、対話が必要です。

対話とは何か

「対話」とはよく使われる言葉で、「会話」と同じような意味で用いられることが少なくありませんが、私たちは通常の会話とは明確に区別しています。

対話とは、**言葉を使って他者と一緒にモノを考える行為**です。また、**話すことに**

よって新しいモノを生み出すことです。新しいモノとは、新しい発想や気づき、関係性などです。対話した後になんの気づきも発見もなかったら、それは対話になっていなかったということになります。

上意下達の組織では、「上が基本的に正しい」という前提で組織運営を行なっていました。こちらのほうが効率的ですし、経験が長い人ほど正解を持っている可能性が高かったので、うまく機能してきました。

ところが、変化の激しい現在では、必ずしも上が答えを持っているわけでありません。また、多様性の尊重が重視され、個々人の「自分らしく生きていきたい」という欲求が高まっていっている昨今、多様性の統合力が必要になってきました。

その時に必要なアイテムが対話です。

対話で最も重要なのは、自分の考えに固執せず、相手の意見も受け止めて、その上でよりよい答えを見つけていくことです。現在の話し合いのやり方では、すぐにそこに行き着くことは難しいと思います。まだ社会全体として対話のリテラシーが未熟なためです。そこで私たちは、次に紹介する対話の4フェーズを目安にしながら、話し合いの場での進化を促しています。

2 対話の4フェーズと進化を阻む壁

ウイリアム・アイザックスが提唱している枠組みをもとに、私たちの経験を当てはめてつくったのが「対話の4フェーズ」です。この場での対話が、いま、どの状態にあるのか、もう一段階ステップアップするためにはどの方向へ向かえばいいのかなどを考える題材にしています。対話は4つのフェーズで構成され、「Ⅰ→Ⅱ→Ⅲ→Ⅳ」と進んでいくのが進化の方向性です。

◎Ⅰ 安定のフェーズ

人々の対話は、大抵、Ⅰの安定（当たりさわりのない会話が展開される状況）から

対話の4フェーズ

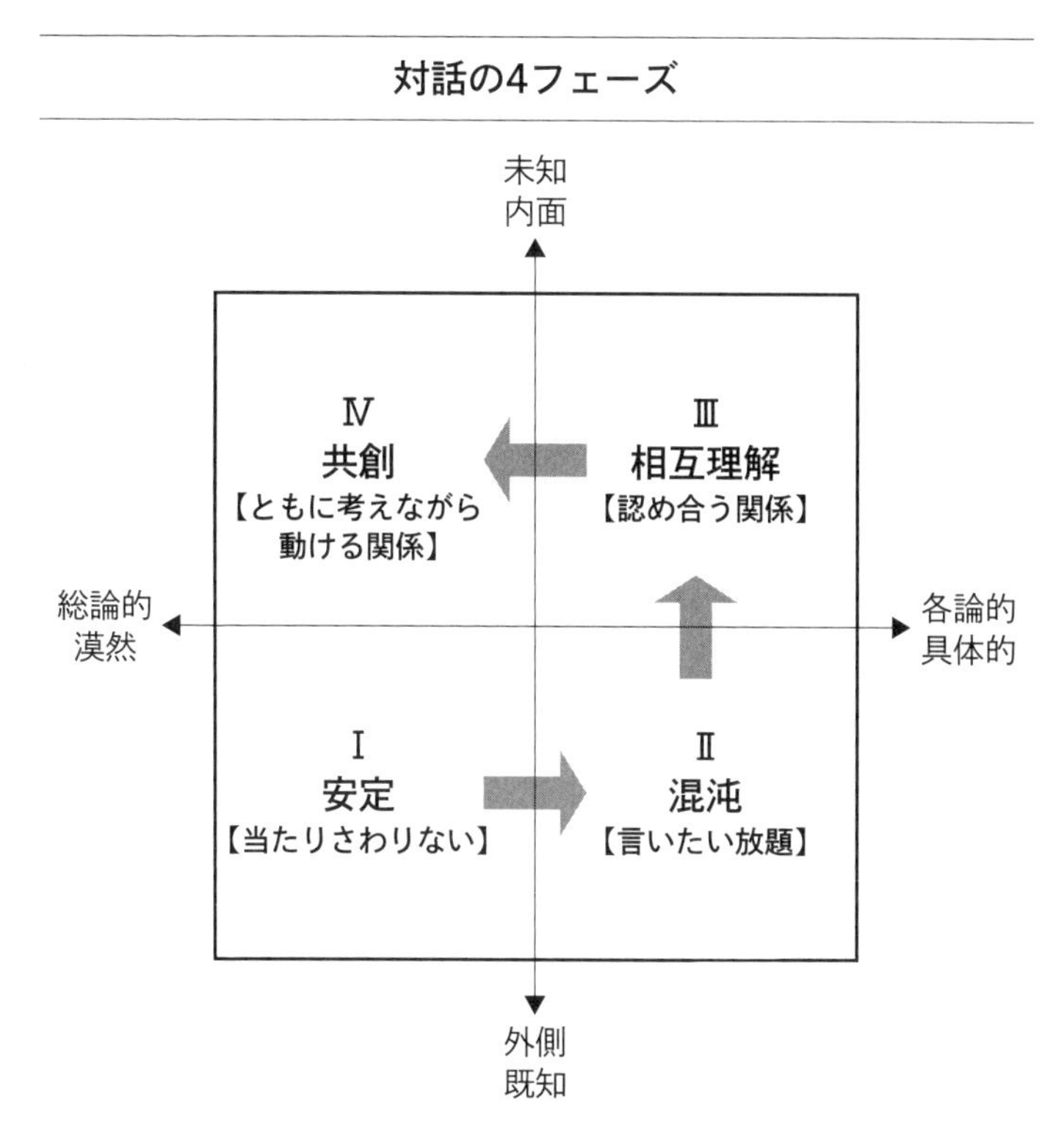

出所：ウィリアム・アイザックスのモデルを参考に、スコラ・コンサルトにて作成

はじまります。

前ページ図の横軸は、左側の象限で展開される話は総論的、漠然とした話が多い状況です。それに比べ右側は各論的、具体的な話の内容になります。縦軸の下の象限は自分の外側の話が多く、上の象限では自分の内面・気持ちの話が入ってきます。

したがって、Ⅰ安定のフェーズの典型的な会話が「今日は天気がいいですね」「そうですね」というものです。「天気」という自分の内面とは関係のない話題で、「いいですね」は漠然とした表現です。それでも相手は「そうですね」と呼応する。

Ⅰ安定のフェーズでは雑談も入って心地よかったりしますが、対話のレベルは進化しません。心地が悪い安定もあり、風土が悪い会社では、その場で言っていいことと・悪いことをわきまえてタテマエばかり話します。これも一種の安定の例です。

Ⅱ 混沌のフェーズ

Ⅰ安定のフェーズから対話が進化すると、Ⅱ混沌のフェーズになります。ここでの進化は、話し合いの場で一人ひとりが全体の空気に合わせている状態から、自分の意見をきちんと言い出す状態に移ることです。個人個人が持つ考えや意見は当然違っていることが多いので、話がバラバラになってくる感じになります。会議の主催者はこういった状況を嫌うのですが、私たちは「**対話の状態が進化した**」と見ます。

Ⅱ混沌フェーズの究極の状態は「対立」です。保守派と改革派の対立、営業と製造の対立、本部的意見と現場的意見の対立などが顕在化してきます。最初は意見がバラバラなカオス状態で、会話が進んでくると「対立」状態が起こり、通常はそこで「話にならない」と物別れに終わったり、話し合いが止まったりします。私たちはそれを対話の進化の過程と見ますので、なんとか話し合いをキープして、次のフェーズに行けるように意識します。

◎Ⅲ 相互理解のフェーズ

第Ⅲフェーズが「相互理解」のフェーズです。**お互いの意見は違うけれど、相手の意見の背景を理解し合えた時に起きる状態**です。AとBという意見が対立していて、Aの意見を持つ人がいったん自分の意見を脇において、相手の意見の背景を理解しようと努めます。背景を聴いていくと「だからあなたはBという主張をしていたのか」と共感的に理解することがあります。ただ、自分のAという意見は変わりません。しかし、第Ⅱフェーズでは B の意見を潰してAを通そうとしていたけれど、Bの意見の背景がわかったので、AとBが並立になり、どうしようかという葛藤状態になります。つまり、**「対立」から「葛藤」になっていく**のです。

私の未熟な例でお恥ずかしい限りですが、新婚当初に妻との対立がありました。「夕食を一緒に食べる・食べない問題」です。妻は夕食を一緒に食べたい派です。私は飲みに誘われたら、すぐに飲みに行きたい派で、夕食は自由であってほしい派です。妻は夕食を一緒に食べないと不満を示します。それが私をコントロールしようとする姿に見えて反発を感じ、自由にふるまおうとしていました。

最初は単なる小競り合いと思ったのですが、あまりに問題状況が続くので、ある時、相手のスタンスを理解しようと聞いてみました。「なんでそんなに一緒に夕食を食べたがるのか」と。

すると、私にとっては意外な話が展開されます。妻は高校生の時にお父さんを亡くしており、妻はそのお父さんのことが大好きでした。お父さんはビール会社に勤めていました。ビール会社ですから夜の営業もありました。にもかかわらず、お父さんはできるだけ夕食を家族とともにしていたらしいのです。だから妻にとっては食卓を家族で囲むというのは幸せの象徴であり、それができないのなら、家族である必要はないくらいの思いを抱いていたのです。

僕は彼女がどのくらい父親のことを好きだったかを知っていますので、その話を聴いて、夕食を一緒にとることを大事にする気持ちを共感的に理解できたのです。私の家はバラバラでしたから、そんな考えは持ち合わせていませんでしたが、相手の立場に立って話を聴けると、共感的に理解でき、何とかしようと考えるようになるのです。

お互いがこの状態になれれば、「一緒に考える」状態になります。ここまで行くだけでも、対話の意味は十分にあると思います。

相互理解、あるいは一緒に葛藤する状態から、AとBを統合、あるいは昇華したCという発想が生まれたり、より高い次元の目的を共有できると、Ⅳの共創フェーズに移ります。

◎Ⅳ 共創のフェーズ

共創のフェーズに来ると、大きな軸を共有できているので、あまり細かなことを話し合わなくても、お互いが信頼し合って阿吽の呼吸で自律的に動いていく状態になります。高いレベルのこの状態になることは、なかなか多くはないのですが、何か腹落ちするコンセプトが生まれた時、突然メンバーが自主的に動いていく現象が起きます。この状態では、漠然とした話でもわかり合えるし、気持ちも共有しやすいので、自分たちの気持ちが整った状態で動いていけます。

厳密にこの4フェーズを歩むということではありませんが、対話の進化度合いを見るためのひとつの尺度にしています。

そして、この対話のフェーズを上げていく時に、それぞれ壁にぶち当たります。Ⅰ安定→Ⅱ混沌に行く時の壁、Ⅱ混沌→Ⅲ相互理解に行く時の壁、Ⅲ相互理解→Ⅳ共創に行く時の壁があるのです。その壁の乗り越え方を、次から見ていきます。

フェーズ進化を阻む壁

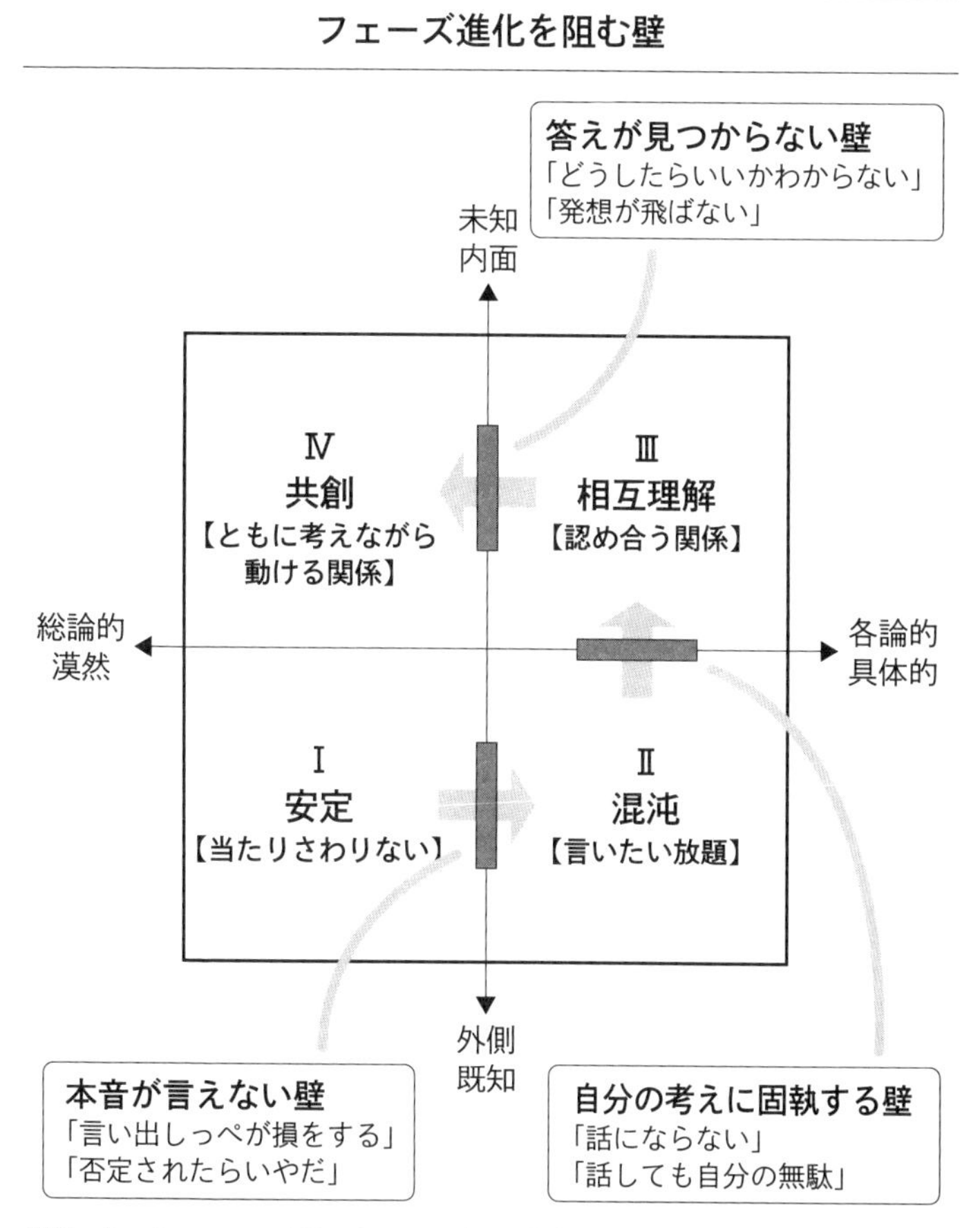

出所：ウィリアム・アイザックスのモデルを参考に、スコラ・コンサルトにて作成

3 本音を言えない壁を乗り越える

Ⅰ安定フェーズからⅡ混沌フェーズへの進化を阻んでいるのが、「**本音を言えない壁**」です。この壁が低いことが、心理的安全性が高い状態と言えるのでしょう。日本企業ではなかなか本音の意見が出にくいので、スコラ・コンサルトは日本組織の現場でモノが言いやすいようにするためにオフサイトミーティングを生み出しました。ジブンガタリやモヤモヤガタリをして、個々の考えを言いやすくする場をつくるのも、その試みのひとつです。

全体的には、**心理的安全性を高めるというより、「心理的危険性が減っていく現象を起こす」**ことに注力しています。

心理的危険性が減っていく現象を起こすために、次の3つのステップを意識してい

オフサイトミーティング®のルール〈参加者の心得〉

- 相手に関心を持って話をじっくり聴く
- 「わからないこと」「気になったこと」は問い返す
- 立場や肩書をいったんはずして、自分の言葉で語る
- 自分の弱みを隠さず、助け合う関係になる
- あるべき論（正論）で相手をやっつけない
- 無理に結論を出さなくていい
- 話したくないときは「パス」と言っていい

安心して話し合うために（心理的安全性）、
参加者と共有しておこう

ます。「許可↓水向け↓承認」です。

まずオフサイトミーティングでは、話し合いをはじめる前にルールを共有します。このルールが、「普段は言ってはいけないと思っていることを言ってもいいよ」と許可するメッセージになります。

「許可」と言っているのは、許可はするけど、言うか言わないかは本人が決めてください、と、相手の主体性を尊重しているからです。

次に「水向け」です。いくら許可してもまだ危険性を感じていることが多く、警戒してなかなか本音の意見が出なかったりします。そこでコーディネーターは言いにくそうな領域に関する質問を投げかけたり、態度や表情で明らかに不満がありそうな人に「何かありますか？」というように水を向けます。

その問いかけにのってくれて、通常は出しにくい発言をしてくれると、その発言をきちんと受け止めます。これが3つ目の「承認」です。そうすると、「言ってはいけないと思っていたことを言っても、痛い目にあわなかった」という体験が起こります。その発言を見ている人たちも「ああいうことを言ってもいいんだ」と、発言に対する

心理的危険性を減らす3ステップ

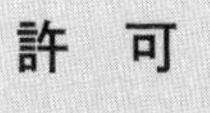

「言ってはいけない」と暗黙に思っていることを「言ってもいいよ」と明確に許可するメッセージを出す。オフサイトミーティングのルールがこれにあたる。

許可メッセージを出してもなかなか本音などが出てこない場合、出やすくする働きかけをする。ジブンガタリ・モヤモヤガタリ、いい問いかけがこれにあたる。

暗黙に言ってはいけない種類の発言がされた時にしっかりと受け止める、認める、ほめる。周りから批判が出た場合は守る。言ってみて痛い経験をしないことによって、恐怖感が徐々に薄まってくる。

ハードルが少し下がります。

こうやって薄皮をはぐように、心理的危険性を減らしていっているのです。


ある地方の放送局でオフサイトミーティングを展開した時のことです。

オフサイトミーティングのルールを読み上げて、オフサイトを進めていったところ、ある参加者が「今日の場は間違ったことを言っていいというルールだから、いまから間違ったことを言うぞ」と宣言して、発言されたそうです（厳密にはそういうルールはなかったのですが、拡大解釈されたのでしょう）。

次に出てきた発言がなんだったかというと、単なる「こうしたらいい」というアイデアだったのです。

アイデアとは、必ずしも正しいことではありません。アイデアとはそういうものです。ただ、会社では正しいことを求められる風潮があって、単なるアイデアも発言しにくくなっていたのだと思います。その発言がその場で封殺されなかったので、その後いろいろな人からいろいろアイデアが出てきたそうです。

そもそもメディアに携わる人たちなので、アイデアはたくさん持っていたのでしょう。**それらが表に出ることを阻んでいたのが、「正しいことを言わなければならない」という暗黙のルール**でした。これは、暗黙のルールが一気に解除された事例です。

この放送局ではそこからいろいろな動きが起こり、その年の全国のネットワーク系列局で活動が認められて表彰されたそうです。

「本音を言えない壁」の背景には、その組織や場の暗黙のルールが潜んでいます。典型的なのが「言っても無駄」「言い出しっぺが損をする」です。その場で発言することを躊躇させる暗黙のルールをできるだけ突き止めて、ルールを提示したり、共有しておくのは、壁を越えやすくするひとつの工夫です。

ほとんどの組織は目に見えない暗黙の呪縛に縛られているので、それを破る発言が目の前で展開され、その発言によって痛い目にあわなければ、呪縛が弱まっていくのです。

4 自分の考えに固執する壁を越える共感的理解

Ⅱ混沌フェーズからⅢ相互理解フェーズに進む際の壁が、「自分の考えに固執する壁」です。自分の意見と相手の意見が合わない時に自分の意見を通そうとして、なかなか折り合わず、話すこと自体をやめてしまう壁です。「言っても無駄」となり、Ⅰ安定フェーズに戻ることもありますし、話し合い自体をやめてしまうこともあります。

この壁を乗り越えるために大事になるのが、自分が持っている正義や価値観、あるいは無意識の前提に気づき、それをいったん脇に置けるかどうかです。対話的には**「保留」の技術**です。自分の意見をいったん脇に置いて、相手の意見の背景にある事実や考えを聴くことが重要なのです。

人は自分の価値観や意見を自身と同一のものとみなし、それが否定されると自分自身が否定される感覚を持つので、なんとか守り抜こうとします。ただ、相手が自分の意見をいったん脇に置いてこちらの主張に耳を傾けてくれると、そこにある種の安心感が生まれ、落ちついて意見の背景を述べることができます。この過程で、話す側は「自分がどんな価値観にもとづいて主張していたのか」が自覚できたりします。

「保留」と同時に大事なスキルが**「背景質問」**です。意見の背景にどんな事実があったのか、どんな体験があったのかを聴くことにより、同じ体験をしていなくても相手の目線からその意見を理解することができます。これを共感的理解とよんでいます。意見や価値観は過去の体験によって形成されることが多いので、背景を観ていくと、ほとんどが過去の体感にもとづく主張であることがわかります。

いま、この状況で何がいいのかを、過去にとらわれすぎずに考えられる状態になるのが、相互理解の究極の段階です。

極端に言ってしまうと、ⅠフェーズとⅡフェーズは過去の体験や価値観にもとづいて主張しているフェーズです（そのための縦軸の下方向に「既知」と書いています）。そしてⅢフェーズに来たところで、自分の盲点となった情報に触れたり、過去のフィルターを通さずに事実をきちんと見はじめたりするのです。

背景質問のためのツール「推論のはしご」

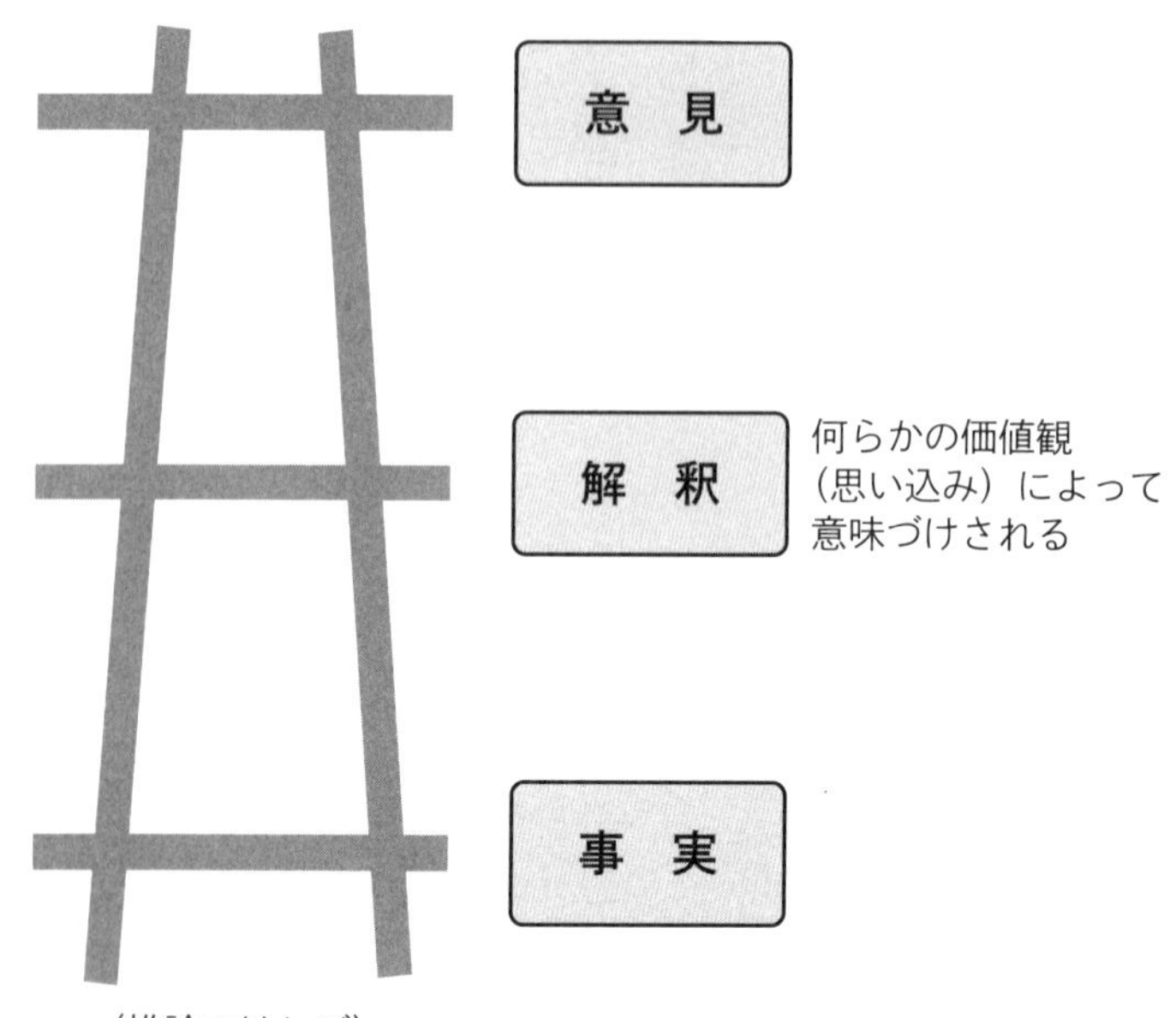

〈推論のはしご〉

出所：『フィールドブック　学習する組織「5つの能力」』（日本経済新聞社）リック・ロスのモデルをスコラ・コンサルトにて簡略化

5 答えが出ない壁の前で、降りてくる答えをつかむ

相互理解フェーズでもチームとしてかなりいい状態ですが、ひとつの解を見出すことによって、より方向性を共有したチームになりえます。

その時に越えなければならない壁が、「答えが出ない壁」です。最初の2つの壁がどちらかというと心理的要因が強いのに対し、この壁はどちらかという思考技術です。Aという考えとBという考えをうまく統合し、コンセプトを生み出す。そういったところを目指します。

話し合いのなかでこれがよく起きるのは、だれかがパッと思いついた言葉をつぶやき、結晶化するパターンです。答えが出ずに諦めかけていたり、反対意見を持つ1人が粘って粘ってたどり着いたりと、きれいなプロセスで越えられる壁ではないような

印象です。

おそらく、通常使っている脳の発想の延長線上では思いつかず、それでも考え続けていると、ふと答えがその場に降りてくるのでしょう。

具体的なやり方に関してはまだまだ研究が必要ですが、体験的にはそんな感じでこの壁越えが起きています。精神論のようで恐縮ですが、目的を見失わずにしっかり対話を積み重ねれば、実現はできると思います。

第7章

上下の壁を越える

1 「ランク」という意識

社内で対話を展開する際に、最も大きな壁になりそうなものが「**上下の壁**」です。上位の人が偉く、下位の人はそれに従うべしという構図が脈々と社会に受け継がれています。組織も、この原理を使って人をマネジメントしてきました。社会全体としても、この風潮はまだ強くあります。

このことが、「対等に話す」ことの障害となっているのです。

◉関係性のなかにある上下意識「ランク」

「プロセスワーク」という心理療法を提唱するアーノルド・ミンデル氏は、お互いの関係性のなかにある上下意識を「**ランク**」と呼びました。

「あの人は自分より頭がいいから、言うとおりにしよう」とか「あの人は先輩だから反対意見は言えない」などの、なんらかの基準で自分より上だ、下だと考えてしまう意識です。

ランクの問題は、**ランクが高い人は自分のランクの高さを感じにくく、低いほうからしか見えづらい**ということです。

たとえるなら、足を踏んでいるほうは足を踏まれている側の痛みに気づかないということです。これによって必要以上に恨みをかってしまったり、自分の想像を超える痛みを、知らず知らずのうちに人に与えていたりするのです。

企業では、メンタル不調や退職につながっていくでしょうし、大きく言えばクーデターやテロなどの引き金になっている可能性があります。ミンデル氏は、この問題に気づくことができたら、世界で起きている問題の50%が解決すると言っています。

ランクには4つの種類があります。①社会的ランク、②心理的ランク、③文脈的ランク、④スピリチュアルランクです。企業に特に関係する①、②、③のランクについて解説します。

社会的ランク

ひとつ目は社会的ランクです。社会通念上の上下です。年齢・勤続年数・役職・学歴・性別など、社会的に、あるいはその組織内で暗黙に定められている上下です。部長より社長、後輩より先輩のほうがランクが上、といったものです。

心理的ランク

2つ目は心理的ランクです。これは個人の主観にもとづいて生まれるランクで、おもに特性の比較によって生まれます。あの人は頭がいいから上、気が強いから上、自分のほうがしゃべりがうまいから上、などです。最も外からわかりにくいランクと言えます。

文脈的ランク

3つ目は文脈的ランクです。その状況や話の流れにおいての上下です。仕事柄、私はセミナーをよくやります。私が講師を務める場合、その場では私が上、受講生は下になります。だから私の話を黙って聞いてくれるのです。もし、その時の参加者が講師を務めるセミナーに私が参加すれば、その時の講師が上、私が下、というように上下が逆転します。つまり、その場の状況（文脈）において上下が変わるのです。

◎上下関係があるなかでフラットに対話する方法

上下関係がある組織のなかで、フラットな対話・話し合いをする時には、私たちはこの文脈的ランクをうまく活用しています。

私は第三者として、クライアント企業の話し合いの進行役をよくします。そこに社長がいたり、偉い人がいたとしても、その話し合いの場の文脈的ランクは進行役が自然と高くなります。この文脈的ランクを使って、その場に存在している上下関係を操作します。その場にいるランクの高い人の発言に対し、「それ、さっきと同じこと言ってますよ」とか、「そんなに社長が決めつけて言うと、ほかの人が発言しづらくなりますよ」などと言って、**ランクが高い人の地位を下げるような関わり方**をするのです。

逆に、その場に自分のランクが低いと感じている人がいたら、「若い人の観点からは、この案はどう見えるんですか？」とか、「日々、現場でお客さんと接している立場からすると、どう思いますか？」などと、**発言を促す言葉のなかに文脈的ランクを高めるようなフレーズを入れます。**

いくら社長であろうと、若手ほど若くないし、現場の人ほど日々お客さんに接しているわけではないので、その文脈ではランクが低くなります。

つまり**その場に上下関係があった場合、話し合いの中でランクが高めの人を下げて、低めの人を上げるような進行をする**のです。

地位が定められている組織のなかで、完全にフラットな話し合いをするのはかなり困難で、実際のところは、話し合いのなかの文脈で微妙に上下を変化させながら、トータルとしてフラットな感じの話し合いになるようにしています。

文脈的ランクの活用の仕方が長くなりました。ランクに関しては、相手との関係性において、自分のランクが高い場合はそれをきちんと自覚し、うまく活用することが大切です。特にランクが高い人は低い側の人に「**教えを請う**」ことにより、対話的関係に近づくことができます。

ランクの種類

- **社会的ランク**
  ＝社会通念的な上下
  ▶社会的地位、学歴、性別、年齢、役職など
  その文化における上下

- **心理的ランク**
  ＝特性的な面で自分と比べての上下
  ▶強い、器が大きい、仕事ができる、
  頭がいいなど主観的に決まる上下

- **文脈的ランク**
  ＝その場や状況での上下
  ▶役割などその状況における上下

2 上下の壁をなくすための基礎能力

長い年月がかかるでしょうが、だんだんと上下関係で人を動かすヒエラルキー組織はなくなっていき、いずれ目的や理念などで束になっていくチーム型の組織が増えていくようになる、と私は思っています。

ただし、人類は農耕社会を形成しはじめたあたりから上下関係のパラダイムが機能してきたので、そう簡単に変わるものではないとも思います。

したがって、しばらくの間、指示命令と対話関係（チーム型）が同居したハイブリッドタイプで組織は動いていくことでしょう。

やるべきことが決まっている仕事に関しては指示命令によって動き、新しい挑戦的仕事に関しては上司部下が対話的関係で進める。企業の進化は、その2つをうまく混在させた形での組織運営ができるか否かにかかってきます。

そのためには組織デザイン上の工夫や意識改革などが必要ですが、日々の行動において個々の大切な能力を磨くことから着手するのが現実的でしょう。

上が磨く力・下が磨く力

その大切な能力とは、**上の人の「傾聴力」**と**下の人の「主張力」**です。

上は下の話に耳を傾ける力です。本質的には「受容力」、つまり異種の考えや未熟な意見をも受け止める力です。

勘違いしてほしくないのは、**下の人の言うことをなんでもかんでも「受け入れる」のではありません。あくまでも、いったん「受け取る」**のです。すぐに否定せずに、理解してみるということです。ここを区別することが大切です。

傾聴力の大切さは昨今よく言われているので、上司側もこれを試みようとするものの、部下がなかなか意見を言ってくれないケースがあります。

ここで部下側に「自分の考えを主張する力」が備わると、対話になります。下の人は上の人の意見に合わせるのに慣れていて、自分の意見を言えないことが多々あるからです。

そもそも考えていないパターンもありますが、何かしら感じていることや思っていることはあるのに、それを意見として表明する力がついていないのです。**自分の思っていることをきちんと認識し、それを上の人に対してでも伝えられる能力、これが下の人が磨くべき能力です。**

通常の指示・命令－報告・連絡・相談の関係に加えて、上の人の傾聴力－下の人の主張力がうまくハイブリッドで使えると、上下関係は障害ではなく、プラスの関係として機能するようになります。

特に傾聴力と主張力の組み合わせは、変なたとえですが、前に進もうとする精子がそれを受け止めて育もうとする卵子と合わさった時、命が創造されるようなものです。つまり、**下からの意見を上が受容することは、新しいものを生み出す関係**と言えるのだと思います。

実際、私たちが組織変革を起こす時は、上位層の聴く力を磨き、現場層のきちんと自身の考えを主張する力を磨き、それを融合させて変化を起こしていきます。

少し話は逸れますが、とある大企業でいろんなチャレンジをしている人が、なぜ、組織でそうしたチャレンジができるのか？ という問いに対し、「新しいことをしようとすると、当然はしごを外してくる人はいます。ただ、はしごを持ってきてくれる人もいるのです」と答えたそうです。

新しい創造の芽はわずかに顔を出しますが、いままで見たことがないものなので、周りから受け止めてもらえません。だれかがそれに目をつけてくれたり、支援してくれたりすることによって、その芽は育っていきます。つまり、はしごをかけてくれたわけです。

話し合いにしてもそうです。突飛な発想や、あまり上が聞きたくない本質を突いた鋭い意見が出てくると、その場ではなんとなくスルーされることがよくあります。

変化を促したい私たちコーディネーターは、そういう意見をできるだけ逃さないように意識しています。**「いまの話、もう少し聞かせてください」「それ、いいですね」とだれかが受け取れば、その発想がその場に存在することができます。だれも受け取**

らなければ、その芽は育つ機会を失ってしまうのです。

組織風土改革を成功させるためには、トップの変化が重要です。どういう理由かはわかりませんが、トップが自ら変わろうという姿勢がないと、その組織の変化はある程度のところで止まってしまいます。どうも、トップが変わろうとしている姿勢を感じ取ることによって、その組織の人たちは安心して奮起し、自分たちも変わっていこうと思えるようなのです。

部下や社員は、トップのどんなところを見て、「この人は自ら変化しようとしている」と感じると思いますか？

それは「**聴く姿勢**」です。現場や下の人の話に耳を傾け、耳の痛い話も受容し、自分の変えるべきことは何かと自分に向き合う姿勢です。こういった人に対して、下の人はいい加減なことは言えなくなってきます。ある種のきちんとした覚悟を持って意見をするようになっていくのです。

3　できるだけ正直に話す自己開示力

ここまで「聴く」力を強調してきましたが、実は「話す」力もかなり重要です。ここで言う話す力とは、**「上手に話す力」ではなく、「正直に話す力」**です。

コミュニケーションの話をする時、有名な「ジョハリの窓」を使うことがあります（次ページ図を参照してください）。

自分のことについて、「自分が知っている／知らない」の軸と、「他者が知っている／知らない」の軸で考えると、４つの窓ができあがります。

コミュニケーションをとる両者において、お互いの「開放の窓」が広いほど、良好なコミュニケーションができます。つまり、**自己認識と他者認識のギャップが少ないほど、誤解が生まれにくく、意思疎通ができやすい**のです。

このフレームによれば、できるだけ自分の「開放の窓」を広げることが、他者とのコミュニケーションを良好にします。

◎「開放の窓」をひらく自己開示

では、どうやって広げるのか。２つの方向性があります。

ひとつ目が、他人は知っているけど、自分が知らない「盲点の窓」の方向に広げることです。そのための最も有効な方法は、**他者から「フィードバック」を受けること**です。自分は周りからどのように映っているのか、周りから見た自分の課題・価値・特性はどのようなものか、といったことを積極的に知るのです。これは自分に向き合う気持ちがないと、なかなかできないものです。

もうひとつの方向が、自分は知っているけど、他人が知らない「秘密の窓」の方向へ広げるアクションです。これが**「自己開示」**です。この章で特に言及したいのは、これです。自己開示というと少し重く感じる人もいるかもしれませんが、言い換えると「**できるだけ正直に話す**」ことです。

ジョハリの窓

→ フィードバック

自己開示 ↓

自分について	自分が知っている	自分が知らない
他人が知っている	**開放の窓**	**盲点の窓**
他人が知らない	**秘密の窓**	**未知の窓**

特に上の人は、部下から舐められないように取り繕わなければならないと思っている人も多いので、自分が抱えている「弱みの開示」などはしづらいものです。しかし、これからは助け合いながらチームで物事に取り組んでいくことが重要です。人と連携するためには、目的の共有とともにお互いの弱みをカバーし合うことも大事な要素になります。人は、弱い部分を共有することでつながりやすくなる側面もあります。

その意味では、上の人の「弱みの開示」は有効です。リーダーシップ論においては、リーダーに必要な要素として「バルネラビリティ」をあげる人もいます。「脆弱性」という意味で、「赤子のように無防備でもろい状態」とも訳されます。つまり、**リーダーが弱さも含めたオープンな姿勢を持ち、メンバーと正直に対話をしながらチーム運営をする**ということです。

先に触れたジブンガタリでは、その場に上の人がいる場合、まずその人からはじめます。そして、話のなかに「自分の弱み」の開示が入ると、その場全体に「弱みを含めて、正直に話していいんだ」という規範が生まれます。それほど、みんな強がって毎日働いているのです。

「組織の常識にのっとった意見」に加工しない

また、企業でのコミュニケーションを見ていると、やはりみなさん大人の常識にしたがって、できるだけきれいな意見を言おうとするので、本心がわかりにくいことが多々あります。**自分が思ったことを、組織の常識にのっとった形の意見に加工するのが癖になっています。**本当は「このやり方はダメだ」と思ったとしても、「まだこのやり方は時期尚早だと思います」と言ってなんとなくうやむやにしてしまったり、「本当はお前が悪いんじゃないか」と思っていても、「この件に関しては大きな問題はないと思います」と会話を打ち切る方向に進めたり。

現在、組織内の人と人との関係がだんだん希薄になってきています。そのため、話は表面的なものにとどまり、きちんと意思疎通できないことが増えているのではないでしょうか。

オンライン会議が増えると、相手の反応が肌感覚でつかみにくくなるので、理解の困難度がより増します。でも、こうした場ではむしろ「できるだけ思ったこと、感じたことを正直に話す」ということを意識したほうがいいと思います。

多くの人は、感じたことを瞬時に取り繕った意見に加工するメカニズムを持っているはずです。反射的に受け応えせずに間をおいたり、「私はいまの発言を聞いて○○と感じました」と、「私は～と感じました」とIメッセージで伝えたりすることを意識されたらどうでしょうか。

自己開示には「返報性の原理」が働きます。返報性の原理とは、相手から何かを受け取ったときに「こちらも同じようにお返しをしないと申し訳ない」という気持ちになる心理効果です。相手が先に本心を開示することで、「自分も心を開いて接したい」という気持ちになる心理が自己開示の返報性です。

オフサイトミーティングでは、参加者のだれかが「正直に本当のことを話し出す」ことをきっかけに、全体がより正直な話し合いに展開していきます。実はこの**「正直に話ができる関係」になることが、これからの組織運営の大きな鍵になる**と思っているのです。

4　新たな上下関係をつくる「コントラクト」

「上の指示に下が従順に従う」、これがこれまでの不文律でした。いまではパワハラが問題視されたり、部下側が退職という選択肢を使うことがめずらしくなくなり、その上下関係のバランスが揺らいでいます。

ここで、上司・部下の関係をこれまでのように不文律として扱うのではなく、上司と部下で対話し、個別に関係性を再定義したほうがいいのではないでしょうか。

本人同士で役割を再定義することを、私たちは「コントラクト」とよんでいます。「コントラクト」とは、直訳すると「契約」という意味です。私がこの言葉を知ったのは、TA（Transacional Analysis）というカウンセリング理論のなかでした。

私はこの概念を使って、話し合いの冒頭に、参加者と話し合いの目的をきちんと定義し、それを把握することをコントラクトと名づけました。

私たちとクライアント企業でミーティングや研修をする時には、事前にコントラクトを意識して、目的とゴールイメージを設定します。私たちに依頼しているクライアント企業の意向、話し合いを実施する部門のリーダーの思い、参加者のニーズの3点でコントラクトを考えます。これを「**3（スリー）コーナーズコントラクト**」と言います。

以上が話し合いや取り組みの目的設定で使う例ですが、これを上司と部下の間に活かしたらいいと思うのです。

前述したように、コントラクトという言葉はカウンセリングで使われていたものです。カウンセラーとクライアントが治療目的（クライアントがどうなりたいか、どういう状態をゴールにするのか）、支援手順（カウンセラーはどんな頻度でどんな関わりをするのか）、抵抗が起こった時の対応（心理的なカウンセリング過程で支援を受けるのが辛くなった時、カウンセラーにどうしてほしいかという事前の取り決め）など、

3コーナーズ・コントラクト

「何のためにこの話し合いのするのか」
3者が交わるところで目的設定を行なう

【会社の取り組む目的】
エンゲージメントが
高い組織にしたい

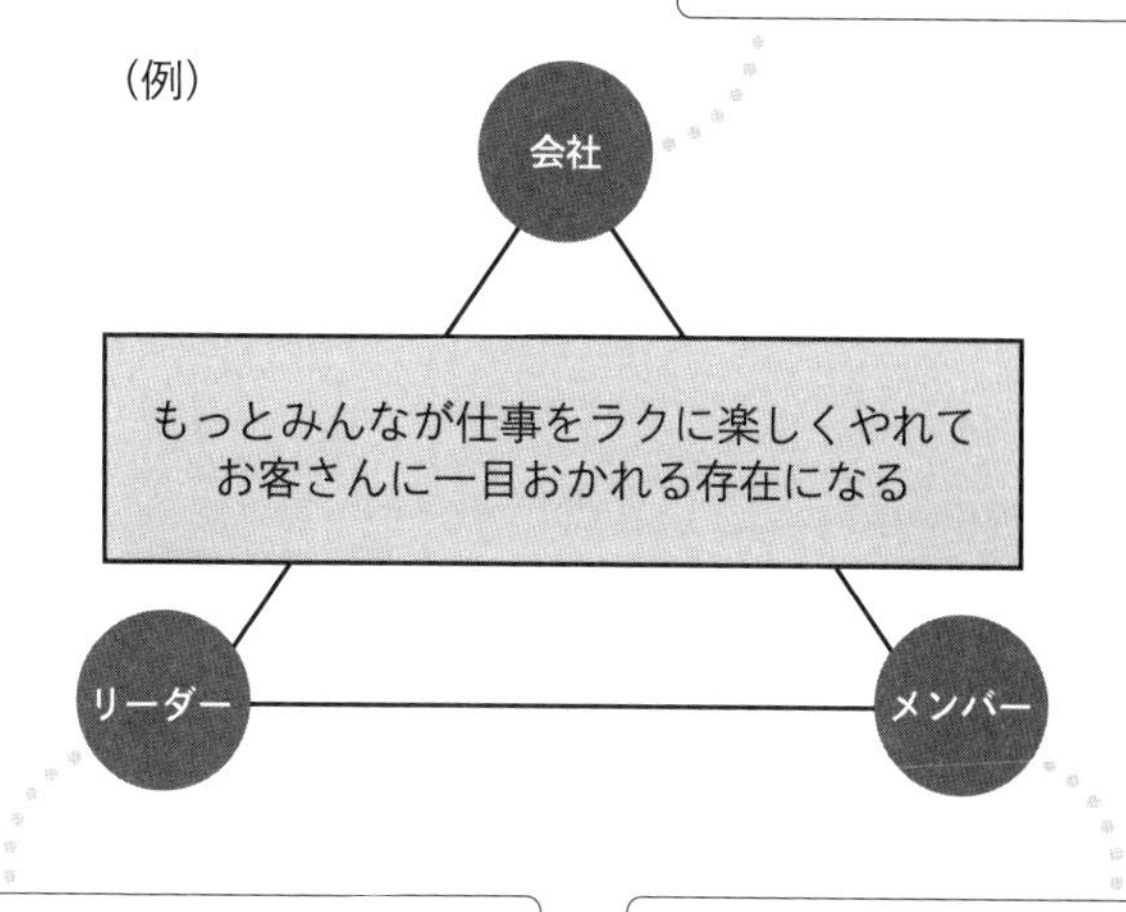

【リーダーの思い】
顧客に軽く扱われないような
存在になりたい

【メンバーのニーズ】
もっと楽しい職場で働きたい

対話を通じて事前に両者で合意をしておくのです（ここではおおまかなとらえ方で表現しているので、カウンセリングについて正確に知りたい場合は、別途専門書をご参照ください）。

コントラクトのいいところは、①両者が同じ目的を一緒に目指すパートナー的位置づけになること、②押しつけられた役割ではなく、合意のもとでの役割分担なので、自分で選択したという主体性が保たれるということ、です。

このコントラクトを、上司・部下間でやったらいいのです。多くの会社は目標管理面談などで、ある種のコントラクトを行なっていると思います。しかし、3コーナーズコントラクトの観点から見ると、会社の基本方針と上司の意向は含まれているのですが、**部下のニーズはあまり加味されていません**。3コーナーズになってないのです。

これは「会社が上で社員が下」という発想のもと、会社の発展・部門の業務遂行のために社員個人が何をやるかという設定です。しかし、これからの時代は「会社∨個人」から、「会社∧個人」になっていくので、個人のニーズをもっと重視するべきです。会社が個人を選んでいた時代から、すでに個人が会社を選ぶ流れに変わっていま

上司と部下の3コーナーズ・コントラクト

3点がうまく統合できるポイントで
メンバーの目標を設定する対話を行ない、
リーダーとメンバー同士で
主体的な合意をする

会社の経営理念・
ビジョン・パーパス
目標・基本方針

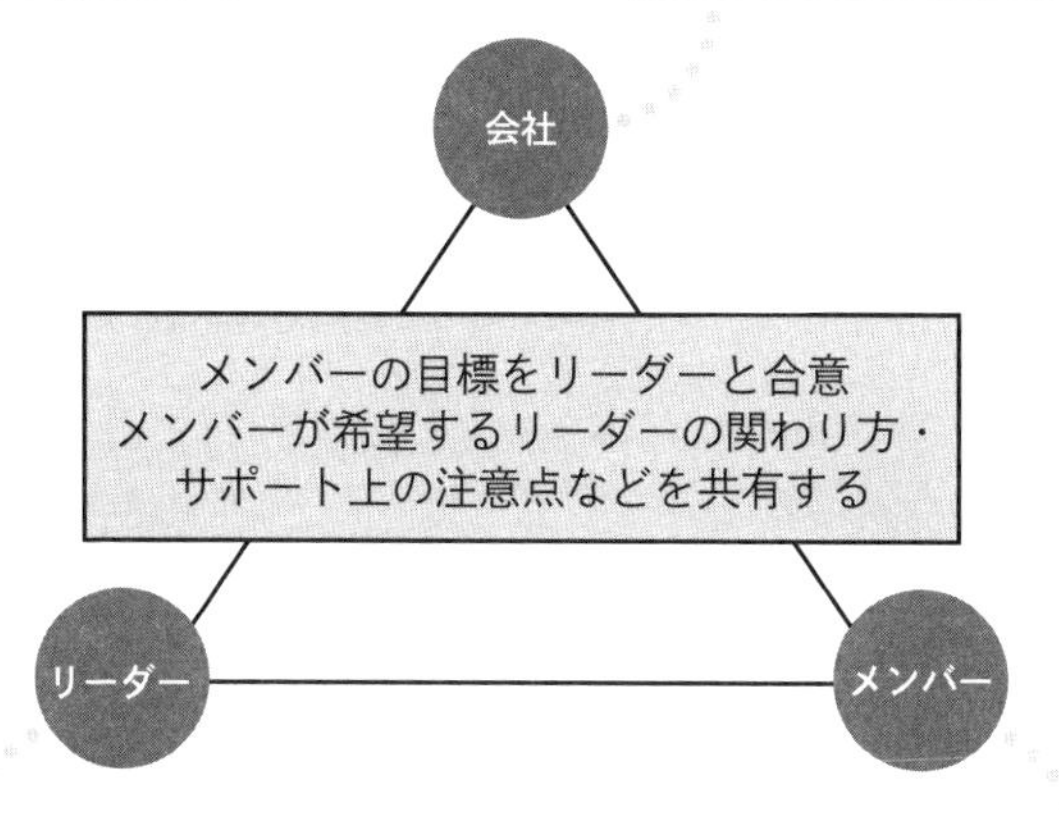

部門でしたいこと
リーダー自身のビジョン・思い
個別のメンバーへの役割期待

個人の目指す姿（キャリア）
個人がやりたいこと
個人が高めたい能力

す。

上司と部下が年に数回、コントラクトをする機会を設けて、個別の上司・部下間の役割と関わり方の合意をしてみてください。

現在、上司が部下を指導育成できないという関係も増えています。そのため、上司の役割としては「育成」ではなく、「成長支援」であることも多いと思います。

ここで言う「育成」とは、上司がその仕事に関しては熟達していて、そのやり方を部下に教えることです。

「成長支援」とは、本人が目指す目的や成長目標があり、上司はそのための支援をするという関係です。「支援」というのが曖昧で、どうやったらいいかわからないとも聞きます。しかし、支援のやり方は相手によって千差万別です。相手に必要なもので、自分ができることを見つけ出してやるというのが支援なので、ここは双方のコミュニケーションが必要になります。

いずれにしろ、コントラクトにおいても、対話力が重要になるのです。

第8章

チームで軸を共有する

1 共有→共感→共創造のプロセスデザイン

一人ひとりの個性を活かしやすくするには、「目的の共有」が重要です。外に向かって実現しようとすることの共有度が高いほど、個性は活かし合え、個人の自由度は増します。共有度が弱いと、どうしても個人の考え方ややり方の違いが摩擦のもとになります。

目的はみんなが「肚に落とす」ことが大事です。

昔、トヨタの方と話し合いをしたことがあります。ある程度内容は決まっているのに、粘り強く議論を続けています。なんでこんなに長々と話しているんだろうと思っていたら、あるタイミングで1人の方の「うん、肚に落ちた」という言葉で会議は終わったのです。

共有・共感・共創造のプロセスデザイン

合理的な思考だけでなく、感性でも情報を共有しながら、
チームとしての目的を形成し、動きにつなげていきます

共有	共感	共創造
意見を戦わせる のではなく それぞれの思いや 感じていることを 出し合い、 聴きあうプロセス いかに 自己開示があるか、 いかに本音が出し 合えるかが鍵 **〈分かち合い〉**	他者の体験や思いを 共有することによって 共感が生まれれば つながりが出てくる **〈心が動く〉**	具体的なアイデアが 生成された時に、 自然発生的に行動に うつる **〈ノリが出てくる〉**

この話し合いは、物事を決定するのはなく、肚に落とすために行なっていたようです。

私が関わったチームでも、話し合いの結果、「肚に落ちた」という瞬間が起こると、その後はそれぞれが考えて自由に動き出しています。メンバーの1人は「あの瞬間は本当にストーンと音がしたような感じでした」と言っていました。

チームが目的を共有するには、論理的思考だけでなく、こういった感覚を伴うことが重要だと私たちは考えています。そのため、それぞれが思っていること・感じていることを共有し、そこから共感が生まれ、そしてそれに向かってやっていこうと自然に動き出すような、そんなプロセスを意識して場づくりを行なっています。これを「共有→共感→共創造のプロセス」とよんでいます。

2 3Dグリップ——「問題・ありたい姿・課題」の3点で共有

個性を活かし合うチームになるには、目的や方向性をしっかり共有しておくことが重要です。チームの目的や意味を共有した後には、活動の方向性の共有も必要になります。

その時に欠かせないのが、3つのポイントを押さえておくことです。これはよく言われることなのですが、実際にはあまりできていないように思います。

3点とは**「問題・ありたい姿・課題」**です。

問題とは「いまのどんな現状を変えなくてはならないのか」です。この問題が多くの人の共感を持って定義されると、共感した人たちは「この状況からなんとか脱していこう」と思える仲間になります。

ビジョン共有も、目指す姿だけではなく、「この状況を脱したい」がセットで入っているほうが理解しやすくなります。それほど人の「嫌な状況から脱したい」という思いのパワーは強いのです。

2つ目が、問題状況から抜けて、どこにいくかを示す「ありたい姿」です。ビジョン・パーパス・ミッションなど、さまざまな言葉で表わされるものです。

そして共有すべき3つ目が「課題」です。私たちが会社の変革をお手伝いしている時は「変革課題」とか「変革コンセプト」とよんでいます。

実はこの課題設定には、かなりの対話が必要です。ふわっとした課題ならすぐに設定できるのですが、現実を変えていく課題設定とするには、新しいアイデアや考え方を盛り込むことが必要になります。

業績がじり貧になっていた、コンクリート製品をつくっている会社の例をあげましょう。この会社には、「鉄でつくられているのが当たり前になっているものを、なんとかコンクリート製品に入れ替えることはできないか」という問題意識がありました。そこから「鉄に勝つ！」という変革課題を掲げ、新製品を生み出し、業績を回復させ

方向性を共有するための3Dグリップ

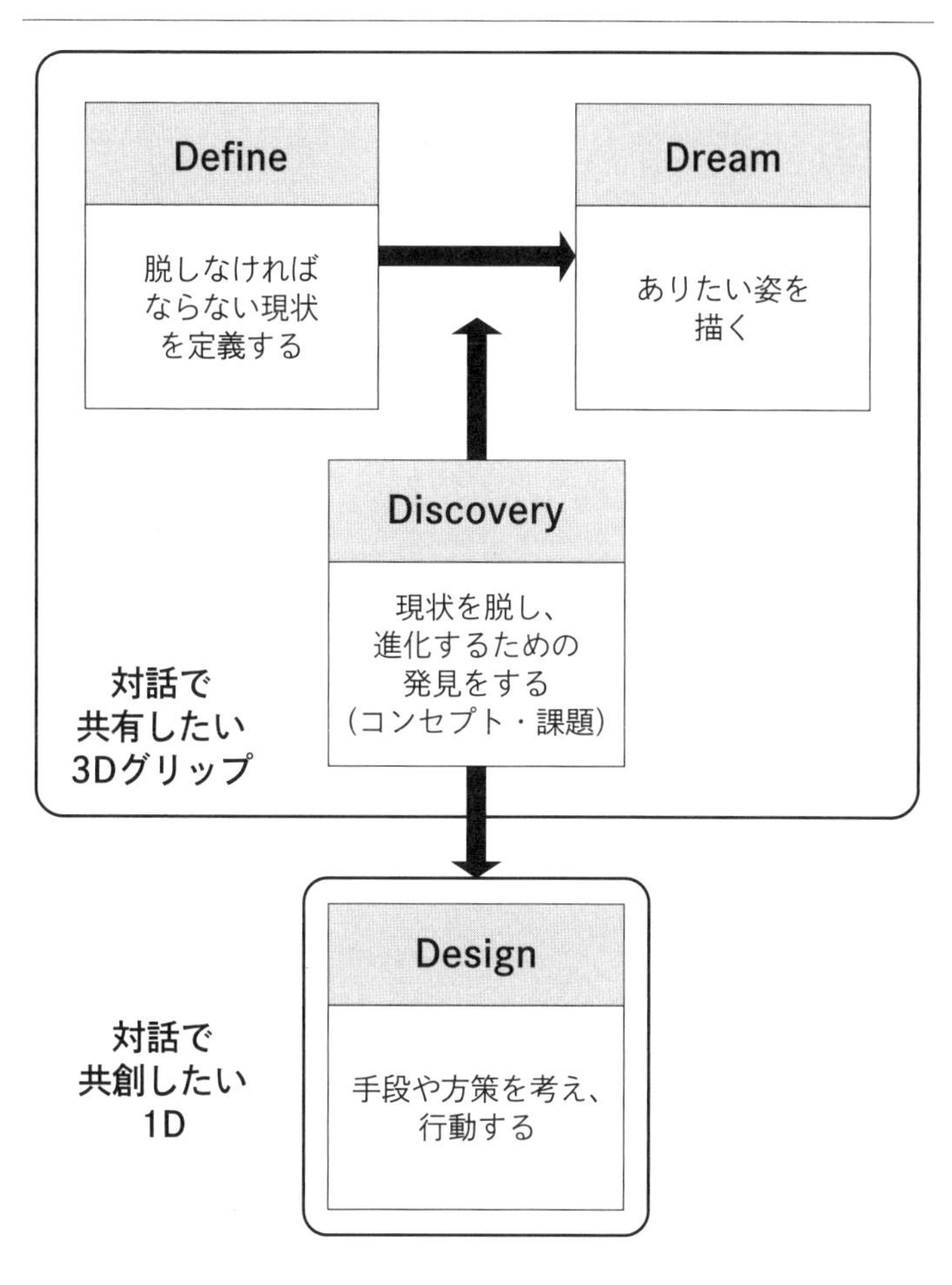

ました。これは課題設定がうまくいった例です。

あるカーディーラーでは、お客さんはひとりひとりの営業マンについていました。したがって、同じ店に来るお客さんでも、自分の顧客以外には、お客さんとしての対応をあまりしていませんでした。そこから「お店のファンづくり」というコンセプトをつくり、営業・フロント・メカニックがチームで業績を上げられるお店に変貌した例もあります。

このように課題設定には、なんらかの新しい視点が必要なのです。

まず問題を定義すること（Define）、そして夢を描くこと（Dream）、そして新しい切り口を発見し、課題設定すること（Discovery）の3点をグリップ（みんなで握る）ことを「3Dグリップ」と私はよんで、多くの人と方向性を共有するための道具としています（共有されていない時は、どこかが抜けています）。

3 コンセプトをつくるWILL・CAN・MUST

多くの人と方向性を共有するためには3Dグリップが有用ですが、チームでコンセプトを生み出す際には「WILL・CAN・MUST」の三方向から考えて統合するやり方もあります。

最も大事なのがWILLです。こうしたいという思い（欲求）、これを実現したいという想い（夢）、これをなし遂げるという意思（志）など、自分たちのなかにある、なし遂げたい思いをしっかりと認識することからはじめます。

今後、AIがいろんな分野で使われはじめることでしょう。その時、人間にしかできないことは、前に進むための思いや目的意識を持つことです。したがって、これからますます「思い」が重要になってくると思います。

次にＣＡＮです。自分たちができること、自分たちの持っているリソースです。自分たちができることを統合することにより、人任せではなく、自分たちこそが実現できるコンセプトが生まれます。

あとはＭＵＳＴ。自分たちの独りよがりにならないように、顧客のニーズ・時代の要請・収益性など「対応や前提としなければならないこと」をもう1点として統合します。

チームでこの3点から議論をし、うまく統合することによって、前進するためのコンセプトを生み出します。

以上、3種類のチームの方向性を定めるための話し合いのフレームを紹介しましたが、ほかにもさまざまな方法があると思います。こういった話し合いを通じて、目的やビジョンをしっかり共有することにより、全体がバラバラにならずに、それぞれの違いを活かし合えるチームプレイができるのです。

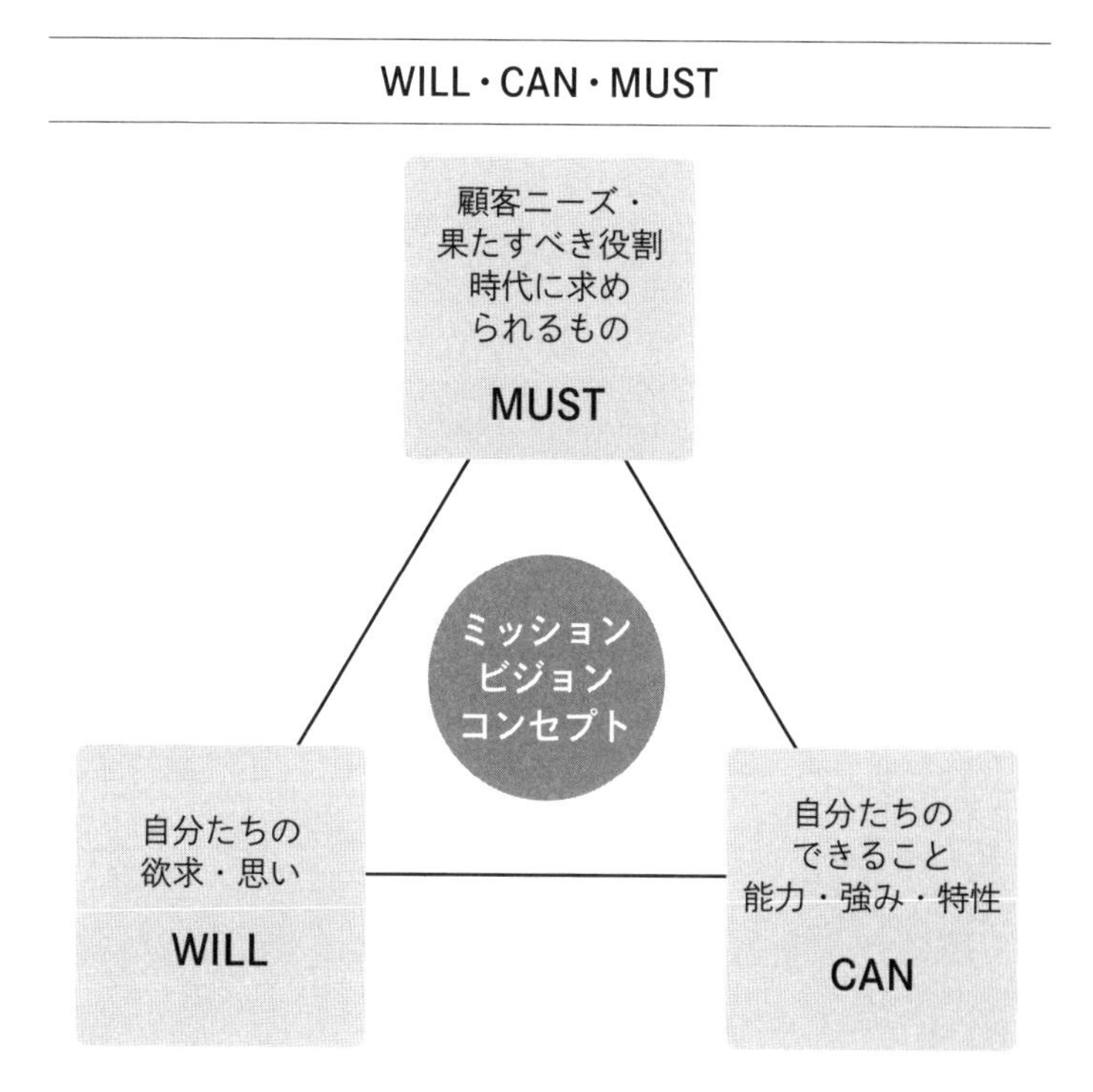
WILL・CAN・MUST
顧客ニーズ・
果たすべき役割
時代に求め
られるもの
MUST
ミッション
ビジョン
コンセプト
自分たちの
欲求・思い
WILL
自分たちの
できること
能力・強み・特性
CAN

第9章

特性でダイナミックなチームプレイを生み出す

1 特性を使う

有機的チームをつくるために、①メンバーのありのままの個性が出しやすくなる居場所をつくり、②個々の違いを組織力に変えていくための対話力をつけ、③肚に落ちる軸を共有すれば、「一人ひとりが自分らしく輝くチーム」になっていく確率はかなり高まります。

この章では、それぞれのよさをより活かし合えるように、「特性」という観点でのチームプレイのありようをお伝えします。

特性とは、**その人が自然とやってしまう行動や能力**のことです。

特性には生まれ持っている先天的なものと、後天的なものがあります。

先天的なものとは、小さいころの遊び方や興味に現われやすいものです。幼稚園の時、同じ砂場で遊ぶにも、トンネルを率先してつくる子やとにかく穴を掘る子供、水を使いたがる子供がいるように、だれも指示していない状態で本人が自然と発動している動きのなかに、特性は見てとれます。言い換えれば、先天的な特性とは、自分ががんばっている感覚なしにやれていることです。

後天的特性は、一定の量の稽古を積んだことによって身につく能力です。自転車に乗れるようになったら、ずっと無意識に乗れるようなものです。

先天的と後天的の区別は難しいので、ここでは分けて考えないことにしますが、いずれにしろ、人にはそれぞれ特性があり、特性のある部分は自然とやれるので、積極的にその力を発揮しようとするのです。

人それぞれのいろいろな特性を、チーム内で活用しない手はありません。これまでの教育や企業では、一人ひとりがより完璧を目指して、短所を是正しなければいけませんでした。これからはそれぞれの特性を活かし合うチームの時代になるはずです。チームメンバーの一人ひとりを、特性という観点で見ていくことをお勧めします。

2 特性の4象限と特性のタイプ

細かく見ていくと、1人がたくさんの特性を持っていることに気づきます。子供のころ、何を好んでやっていたかを見ると、その人の特性が見えます。

私の場合は小さいころ、日々怪獣を創作して絵を描いていました。なぜ怪獣が好きだったかというと、私はどうも角とか牙とか羽根とか、どうも突出しているところに目がいく特性があるようです。だから人を見る時も、「この人、ここに特徴があるなあ」と見てしまうのです。怪獣の特性を自分の中でデータベース化し、そのパートを組み合わせて新しい怪獣を創作していたのです。だれに言われることもなく。たぶん、そのことが「個性を活かしたチームづくり」への興味へと展開されていったのでしょう。

これはひとつの例ですが、だれもが細かな特性をいくつか持っており、仕事の場でも自然と使っているのです。

一人ひとりの細かな特性を抽出するのは大変なので、私たちはそれを大きく**4つの特性**に分類して、認識しやすくしました。

人が情報を処理して行動に移す時、4つのプロセスを経ています。まず、情報をキャッチします。そして、複数の情報が入るとそれを整理し、ポイントを洗い出します。そのポイントが見えると、それに対してどうするかを企画します。企画段階でやることが決まると、行動に移します。この「**情報収集↓情報整理↓企画↓実行**」の4つのプロセスを踏むのです。

この4つの特性で見た時に、特性が強く出る部分が人によって違うのです。チーム内にある高い特性の部分をうまく融合させれば、スムーズなチームプレイが実現できます。

実は、この**特性の違いによって、人同士が噛み合わなくなる**ことがよくあります。

たとえば、「情報整理」機能が優位な人は、まず状況をしっかり把握し、問題点は何かを見極めてから行動を計画しようとします。一方、「実行」優位な人は、まず動いてから考えるという特性を持ちます。この2人がお互いの特性をわかっていないと、その違いで相手を非難し合うようになります。情報整理優位タイプの人は実行優位タイプの人を「あいつは考えずにすぐ動く」と批判し、実行優位タイプの人は情報整理優位タイプの人を「考えてばかりで動かない」と批判します。

特性の違いを知っていれば、チームで行動する場合、その出番が違うのです。情報収集特性が高いメンバーが有用そうな情報をたくさんキャッチし、それを情報整理優位タイプの人に渡します。情報整理優位タイプはその情報を整理し、問題点を見極めます。その問題点への対策を、企画優位の人が立案します。その立案したものを実行優位の人が受け取り、実行に移します。

極端にまとめると、こんなチームの動きになります。前工程のアウトプットが見えた時点で後工程の人が自動的に動き出すので、指示や命令がなくてもスムーズに動いていきます。実際、私が所属しているチームではこのように運営しています。

その機能を図にしたものが、「特性4象限」（通称トクヨン）です。簡易に自分の特

特性4象限（通称：トクヨン）

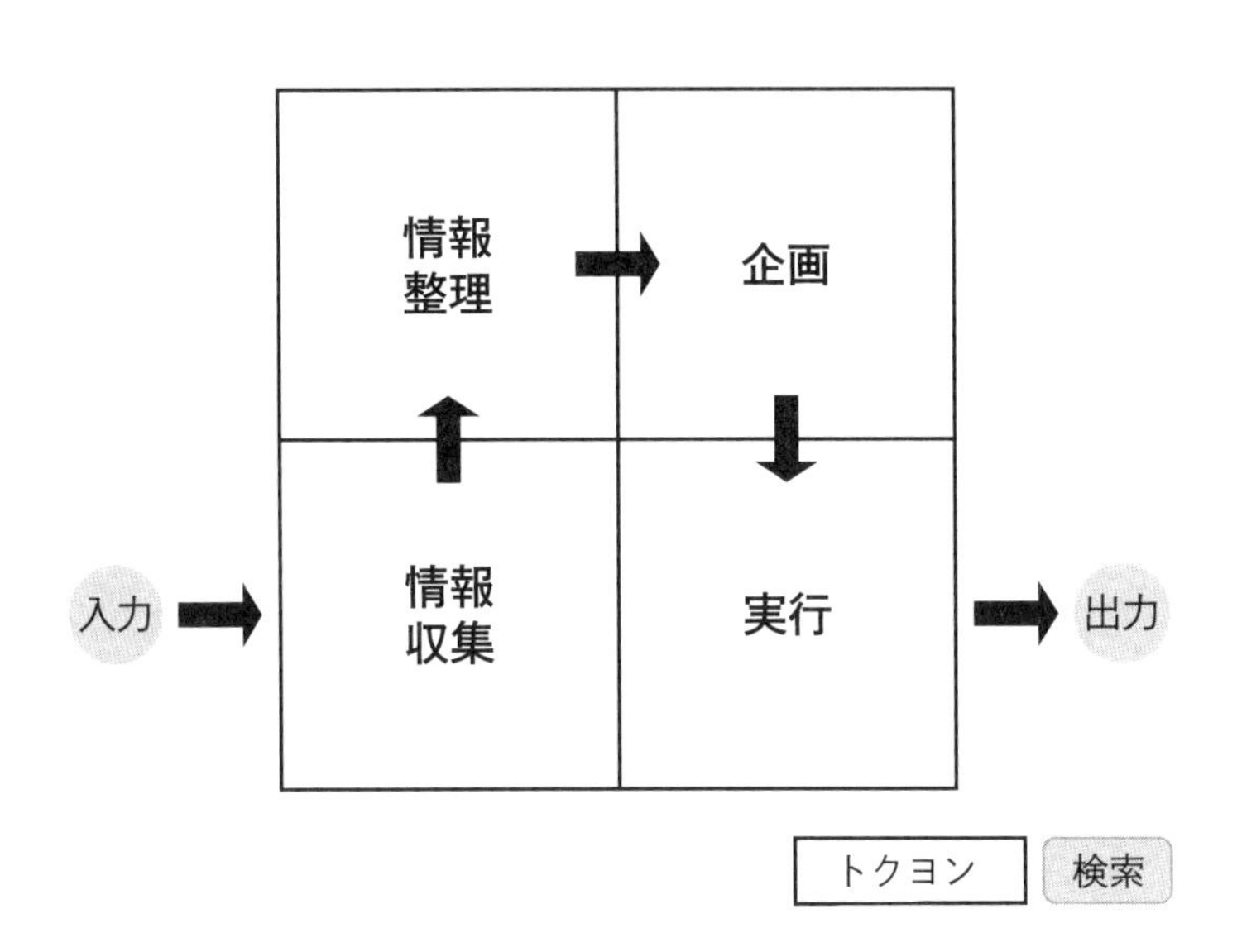

性の優位なところが知るための「トクヨン診断α」を無料で提供していますので、「トクヨン」で検索して、ご自身の特性を知る参考にしてください。

特性4象限の図の左側に位置する「情報収集」「情報整理」特性が優位な人は、目の前の状況を認識することに重きを置きます。逆に右側に位置する「企画」「実行」優位の人は、実践することを重視します。左側を「認識派」といい、右側を「実践派」と言います。これまでの組織は行動至上主義のところが多かったので、実践派のほうが評価された傾向があります。

上下に関しては、図の上に位置する「情報整理」「企画」の特性が優位な人は、自分の頭で考えることを好みます。逆に下の「情報収集」「実行」特性の人は、周りと関わることに意識が向きます。上を「実存派」、下を「賦存派」と呼びます。

こういったお互いの特性の違いを認識し、活かし合う観点を持つことによって、有機的チームプレイに一歩ずつ近づいていけます。

特性把握のフレーム

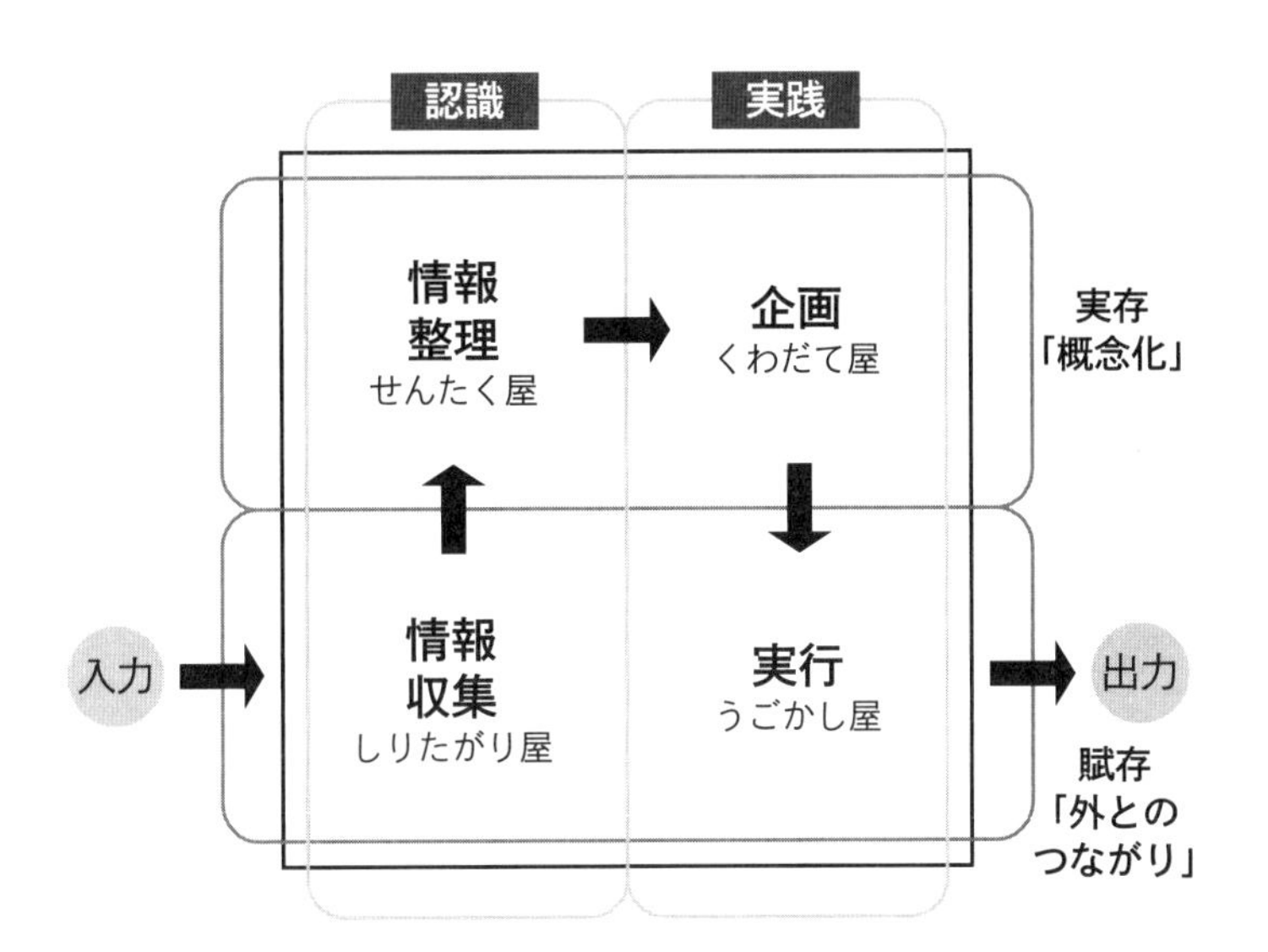

認識
実践
情報
整理
せんたく屋
企画
くわだて屋
実存
「概念化」
入力
情報
収集
しりたがり屋
実行
うごかし屋
出力
賦存
「外との
つながり」

3 特性を活かし合うチームプレイ

通常の組織は役割分担が決まっていますので、この特性を活かし合う流動的な組織運営は難しいことがあると思います。

また、それぞれの特性の人すべてがいるわけではないので、工夫は必要になります。

そもそも、自分の弱い部分は人に頼る、任せるといった意識を持てないと、組織運営はできません。自分1人ですべての機能を回してやり遂げようとした場合は、この特性4象限をつかったチームプレイはできにくいと思います。

したがって、現状では活用しにくい状況にあるのは重々承知していますが、これからの時代に対応した組織運営に向かっていくためには、この観点は大事だと思っているのです。

実際はみんなが4つの機能をすべて持っているので、だれかがどこかを担当するという固定化が生まれると、それこそチームが硬直します。それぞれの特性の強い部分・弱い部分を認識しながら柔軟に、できるだけ自分から積極的にポジションをとっていく、そんな感覚が大事です。

企画優位タイプが複数チームにあると、アイデアをお互いに潰し合ってしまう可能性もあります。ですので、お互いに高め合うやり方を考えておくことが必要です。

また、チームとして欠けている機能がある場合は、それを補う仕組みや仕掛けを考える必要もあります。情報収集機能が弱いなら、情報をきちんと取るための顧客アンケートを充実させるとか、情報整理機能や企画機能が劣位ならば、それを可能にしやすいようなフレームを持つなどです。

うまくいく時は、この4つのプロセスがスムーズに流れます。そんなイメージをチームメンバー同士、連携の仕方を考えると、それぞれのよさをより活かしたチームプレイに近づいていきます。

第10章

モチベーションの源泉にアクセスする新しい組織づくり

1 スモールグループ・アプローチ

今後、組織で働く人のモチベーションを上げるためには、社員が自分らしく個性を発揮できる環境が必要です。

これまでのように、社会的に上下を決めて、上を目指すモチベーションで人を動かすやり方は機能しなくなっています。これからは、一人ひとりが自分らしく生きていくことを、働くモチベーションの源泉にしたほうがうまくいきます。

かといって、働き方をすべて個人に任せるとなると、個々人がバラバラになり、収拾がつかなくなります。そもそも、組織である意味がなくなります。

そこで、**個人主義でもない、全体主義でもない、その中間の小集団主義こそが有効に機能する**と考え、本書の論を展開してきました。いわば**スモールグループ・アプ**

ローチです。**一人ひとりが自分らしく活躍しながら、集団としてのパフォーマンスも上げていける方向性**です。

昔、『スモールイズビューティフル』（講談社学術文庫）という名著を書いた経済学者シューマッハが、TLC（Tender Loving Care）というコンセプトを提唱し、そのなかで「人が仲間一人ひとりに思いやりをかけられるグループの人数は9名まで」と言っていたそうです。このくらいの少人数であれば、一人ひとりに思いをかけることができます。しかし、それ以上になると一人ひとりに対する認識はどうしても薄くなります。

私たちの会社スコラ・コンサルトは30名くらいの組織で、上司・部下の関係がありません。代表や役員はいますが、基本的に主従関係ではありません。ある意味、フラットな組織です。その組織で長年過ごしてきて思うのは、**完全にフラットでグループもないと、所属するメンバーは孤独に陥りやすくなる**ということです。フラットななかでも少人数のグループを形成すると、居場所感が生まれ、自分を活かしやすくなります。

特に閉じこもりやすい日本人の場合、居場所感を感じられる集団に属し、そこで自分の個性を発揮して、自身の貢献を感じられる働き方が向くように思います。

そういったスモールグループ・アプローチを基礎とした組織運営を目指していってほしいのです。

2 全体をつなげるコアネットワーク

組織が小集団ばかりになったら、全体の統制はどうするんだ、という疑問がわいてくるかもしれません。そこは現状の機能別組織とうまく組み合わせながら統制していくことになります。

もうひとつ、私たちが組織風土改革に使っている**「コアネットワーク方式」**も、うまく使うことができるでしょう。

組織を変革する時は、経営陣のチーム・ミドルマネジメントのチーム・一般社員のチームなど階層別に改革意識が高い人（こういう人をコアとよびます）を集め、チームをつくって議論をします。

それぞれの階層で、改革方針にもとづき主体的に課題を設定し、動きをつくります。

その際にお互いの動きが相乗効果を生むように、各層のリーダーが集まって、全体のシナリオを考えます。各階層のコアが集まった中から、より中心の人（コア中のコア）を集め、チームで考えるのです。このチームのことを「超階層チーム」とよんでいます。

このチームが、上下の階層の違いがありながら、どのように組織を変えていくかをフラットに話し合います。それぞれの立場での異なる見え方や考え方が表明されるので、全体にとって最適なシナリオがデザインできます。

方向性が決まっている仕事を進める場合は、役割分担した組織のほうが機能するのですが、**どのように動いたらいいかわからない創造的な活動をする際には、多様な立場の人がフラットに連携していくネットワーク組織が有効です。**

別々のチームの動きをうまく調和させようとすると、あるチームのだれかと他のチームのだれかがつながっている必要があります。部門間の壁がある場合も、お互いの部門のなかのだれかがつながっていることにより、その壁は壊れていきます。

スモールグループ・アプローチをとる場合、グループの中心人物同士がネットワークをつくっていることにより、グループ間の調和をとるようにします。このやり方には熟練が求められますが、今後の組織運営のひとつのヒントだと思うのです。

3 場づくりの思想

組織運営を実現しようとした時に必要な技術が「場づくり」です。

ヒエラルキー組織では上意下達の方法に熟練することが大事でしたが、**フラットな組織では話し合いや交流の「場」をうまく使うことが必要**です。

話し合いの場は、認識を統一すべきものは共通化し、それ以外の個々の違いについてはしっかりと理解しておくよい機会です。

オフサイトミーティングのような話し合いをすれば、考えだけでなく、気持ちや意思まで（知情意）も組み込んだ合意形成ができます。

また、話し合いにより自分たちが陥っている間違いに気づき、一緒に変化していくこともできます。

そうした場がないと、常にリーダーがメンバーそれぞれに働きかけなければなりません。**場によってチームが形成されると、お互いがお互いの目標達成や成長にも目を向け、リーダーだけでなく、メンバーが互いに意識し影響し合うことができるようになるのです。**この状態になるとマネージャーの負荷が減るし、より適切な人が適切な関わりをする可能性も高まるので、ラクになって、よりよくなります。

最初は慣れないかもしれませんが、場をうまく使うマネジメントに変えたほうが、場づくりを常に行なっている私たちの実感としてはラクですし、メンバー個々の主体性を引き出すこともできるのです。

効果的でない会議が増える一方で、目に見えにくい効果を持つ場は、だんだんとなくなってきています。したがって、組織のなかに積極的に気持ちや考え方の交流や対話ができる場をつくってほしいのです。場づくり活動＝「場活」を楽しんでやってもらえると、何らかの変化の兆しが見えると思います。

以前、クライアント企業さんのなかに、自らを「場活師」とよび、場づくりによって組織を変革に導いた方もいらっしゃいました。

4 オーガニゼーションイノベーション

ユヴァル・ノア・ハラリが著した『サピエンス全史』（河出書房新社）によると、私たち人類（ホモ・サピエンス）は言語が使えるようになり、虚構を生み出し、それをお互いに共有できるようになったことで生き残ってきたと洞察しています。ネアンデルタール人のほうが脳が大きく、力もよっぽど強かったのに、生き残ったのは、想像力により集団行動ができる我々ホモ・サピエンスだったのです。だとすると、人類の生き方の根幹は、いかに人同士が力を合わせることができるか、にあるのです。

つまり、**組織運営の知恵が私たち人類を持続させてきた**のです。ヒエラルキー・機能別組織・マネジメントなどの考え方は、私たちがよりよく生きていくための発明だったと言えます。

そしていま、**組織のあり方が制度疲労を起こしており、組織にもイノベーションが必要になっています。組織を見直し、パラダイムシフトを起こすべき時期**なのです。

私たち人類の、新時代の組織への模索ははじまったばかりのように思います。スモールグループ・アプローチは、オーガニゼーションイノベーション（組織の運営の仕方を根本的に変えること）を考えるきっかけのひとつです。

「がんばっていない不安」も乗り越える

スモールグループ・アプローチで有機的なチームづくりを目指していくと、大きな壁にぶち当たります。それは**「がんばっていない不安」**です。

有機的チームプレイがうまく機能すると、自分ができること、やりたいことをやっていて、うまく連携ができてスムーズに進むことがあるので、「がんばっている感」がないのです。

いまの社会ではほとんどの人がなんとかこの社会で自分が「価値を出さねば」とが

んばっています。「自分はなんらかの価値を出さねば存在価値がない」という考えをエンジンに、日々、努力しています。そこにがんばった感があり、努力のしがいがあります。

有機的チームでは、がんばっている人は他者と弱い部分を補い合い、全体で成果をあげていくので、個人の手柄になりにくい形態でもあるのです。だから自分個人の価値を感じにくいところがあります。新しい組織運営に向かうには、そうした内面の壁も超えていく必要が出てきます。

ベテランの方はこれまでの自分のがんばりを認めながらも、自分も他人も自分らしく生きる方向を許容し、また若い方は自分の感性を信じて、これまでの常識を変容させていく言動をしてほしいです。

年代や経験の違う人々が、あるがままの自分の感性や個性を発揮できるような環境づくりに向けて試行錯誤していく。この本が、そのためのヒントになれば幸いです。

おわりに

「潮目が変わってきた」

組織開発コンサルタントを約30年やってきた、私のいまの実感です。組織のあり方の大きな潮目の変化です。

私は20代のころ、会社組織にうまくなじめませんでした。アルバイトまで入れると4回転職しています。どうにも人間の気持ちをあまり大切にしない組織のあり方に、疑問を強く感じてしまっていたのです。

お客さんが困っていたので瞬時に対応したら「それはよその部門の管轄なので手を出すな」と言われたり、現役の社員が亡くなった時に、幹部が「会社のせいでなくてよかった」とつぶやいたり。基本的に会社は「社員にプレッシャーをかけて統率する装置」に見えました（あくまでも私の認識です）。

そして、20代の終わりごろ、社員の働きやすさを助ける存在になろうと中小企業の総務人事担当に転職します。しかしながら、そこでは社員をかばいすぎて社長の不信を買い、退職することになります。その後、「組織」というものに問題意識を持ち、それをなんとかしようと、経営コンサルタントの道に入ったのです。

それ以来、問題視している「組織」をお客さんとする矛盾を抱えながら、さまざまな組織を支援してきました。

お客さんは、どうしても「社員を思いどおりに動かしたい」「業績を上げたい」「競争に勝ちたい」が動力なので、そのなかで社員がいきいき働くとはどういうことなのかを、自分のなかで考えながらこの仕事に携わってきました。

それがいま、少し潮目が変わってきているのです。数年前に「心理的安全性」という言葉が注目されるようになってから、「ＳＤＧｓ」や「ウェルビーイング」などの潮流と絡み合って、社員を大切にするムードが生まれはじめたのです。

今後もさまざまな変化が起こってくるでしょう。多くの戸惑いや混乱もあると思います。しかし、こういった変化の機会を、人々がより平和に暮らせる社会づくりに寄与できるよう、日本国民全員で知恵を出し合い、助け合うことができればと思っています。

高齢化が進む日本では、助け合いはますます必要になります。「和をもって貴しとなす」や「おたがいさま」「おかげさま」といった、昔から大事にしてきた精神を、「場」というものを通じて、再生できたらとも思うのです。

スコラ・コンサルトの知見は、日本企業の現場の実践から生まれたものです。この本では欧米の知識を引用していますが、基本的には日本人のための、日本人による解説本です。より多くの働く人々が楽しく優しい気持ちで仕事ができるようになることを願いつつ、この本を終わりにしたいと思います。

本書は、スコラ・コンサルトの仲間とともに現場でさまざまな体験をした結果、まとめることができました。困難な組織風土改革の現場で支援をすることは、私1人ではとてもできませんでした。

そのなかでも、出版に際してはスコラ・コンサルトの対話普及チームのメンバーである刀祢館ひろみさん、高木明子さん、若山修さんに特に大きなサポートをいただきました。また、代表の簑原麻穂さんは、出版に対して熱い後押しをしてくれました。24年前に私を拾ってくれ、私の考えに多大な影響を与えてくれた柴田昌治さんにも感謝しています。そして私のわかりにくい考えを、何回もの対話を重ねて書籍にしてくださった同文舘出版の竹並治子さんにもお礼を申し上げます。

また、私たちの考えに共感いただき、一緒に改革プロセスを紡いでいった数多くのクライアントや、私のセミナーに参加し、対話や場づくりを学んでくれた仲間たちのおかげでもあります。ありがとうございました。

そして、面倒くさがりの私を「スコラとお客さんに恩返しのつもりで書きなさい」と粘り強く支えてくれた妻にも感謝します。

最後までお読みいただき、本当にありがとうございました。

参考文献

『フィールドブック 学習する組織「5つの能力」 企業変革をチームで進める最強ツール』ピーター・センゲ他著／日本経済新聞社
『心に響くことだけをやりなさい！』ジャネット・アットウッド著／フォレスト出版
『人生を後悔することになる人・ならない人 パラダイムシフトの心理学』加藤諦三著／PHP研究所
『日本的「勤勉」のワナ まじめに働いてもなぜ報われないのか』柴田昌治著／朝日新書
『仕事の価値を高める会議 オフサイトミーティング』スコラ・コンサルト 対話普及チーム 若山修・刀祢館ひろみ著／同文舘出版
『紛争の心理学 融合の炎のワーク』A・ミンデル著／講談社現代新書
『エリック・バーンのTA組織論 リーダーを育てる心理学』安部朋子著／西日本出版社
『スモールイズビューティフル 人間中心の経済学』E・F・シューマッハー著／講談社学術文庫
『場の論理とマネジメント』伊丹敬之著／東洋経済新報社
『サピエンス全史』ユヴァル・ノア・ハラリ著／河出書房新社
『ダイアローグ――対立から共生へ、議論から対話へ』デヴィッド・ボーム著／英治出版

著者略歴

高木穣（たかき　ゆたか）

スコラ・コンサルト　プロセスデザイナー
トータル８回の転職。うち２回は社長とうまくいかずクビ同然という経験あり。組織開発系コンサルタントは、人事制度策定および研修開発のコンサルティング会社を経て３社目。会社員時代の上司が急死した経験や社員がメンタルで病んでいく現象を目の当たりにし、人が安心していきいき働けるための組織づくりの支援を目指す。
人の気持ちを真正面から扱っているスコラ・コンサルトの「気楽にまじめな話をする場＝オフサイトミーティング」に衝撃を受けて入社。以来、オフサイトミーティングを1,000回以上実施。メンタル不調者がゼロになった事例やＶ字回復した事例、親会社から独立した事例などを経験する。現在は福岡在住で、九州を中心に対話力向上研修や若手リーダー養成プログラムなどを行なっている。公開コースで対話力を磨く「マネジメント・ダイアログ・ジム」や対話コーディネーター研修も実施中。「ゆるさ」が持ち味。
『フィールドブック 学習する組織「５つの能力」 企業変革をチームで進める最強ツール』『フィールドブック 学習する組織「10の変革課題」なぜ全社改革は失敗するのか?』（いずれも日本経済新聞社）監訳メンバー。

お問い合わせ　https://www.scholar.co.jp/

令和の管理職の必須スキル

職場にやる気が湧いてくる対話の技法

2023年10月4日　初版発行
2023年12月5日　２刷発行

著　者 —— 高木穣

発行者 —— 中島豊彦

発行所 —— 同文舘出版株式会社

東京都千代田区神田神保町1-41　〒101-0051
電話　営業03（3294）1801　編集03（3294）1802
振替00100-8-42935
https://www.dobunkan.co.jp/

ISBN978-4-495-54151-4
印刷／製本：萩原印刷
Printed in Japan 2023